洛克菲勒
给孩子的
38封信

读书堂 著

广东旅游出版社
GUANGDONG TRAVEL & TOURISM PRESS
悦读书·悦旅行·悦享人生

中国·广州

图书在版编目（CIP）数据

洛克菲勒给孩子的38封信 / 读书堂著. -- 广州：
广东旅游出版社，2025. 2. -- ISBN 978-7-5570-3335
-4

Ⅰ. K837.125.38；G782

中国国家版本馆CIP数据核字第2024NW9718号

出 版 人：刘志松
责任编辑：张晶晶　　黎懿君
责任校对：李瑞苑
责任技编：冼志良

洛克菲勒给孩子的38封信
LUOKEFEILE GEI HAIZI DE 38 FENGXIN

广东旅游出版社出版发行

（广州市荔湾区沙面北街71号首层、二层　邮编：510130）

电话：020-87347732（总编室）

020-87348887（销售热线）

投稿邮箱：2026542779@qq.com

印刷：水印书香（唐山）印刷有限公司

（河北省唐山市芦台经济开发区农业总公司三社区）

670毫米×950毫米　16开　10印张　105千字

2025年2月第1版　2025年2月第1次印刷

定价：49.80元

多年前，一位叫洛克菲勒的父亲陆陆续续地给他的儿子写了很多封信。在这些信中，你会看到一位父亲对儿子的学识、品格、仪表、交际、事业、生活等方面给出了诸多人生忠告。

那你知道洛克菲勒吗，你了解他的故事吗？

洛克菲勒（1839—1937年）是美国历史上最富有的人之一。他的创业史开始于一个小小的农产品代销，最终使他成为全球石油业的霸主。在很多人看来，洛克菲勒的人生就像一个传奇，因此他也被誉为"窥见上帝秘密的人"，而他缔造的洛克菲勒家族的发展史，已经成为美国国家精神的杰出代表。

今天，我们会将视角放到洛克菲勒写给儿子的38封信上。

这38封信体现了一位父亲对儿子浓浓的爱，凝聚着洛克菲勒一生的思想精华，我们能从中窥见洛克菲勒的人生智慧，如处世感悟、商业思维及致富之道。

洛克菲勒给儿子的这38封信，就像是人生的指南针，为我们在成长过程中遇到的很多烦恼和困惑指明了解决的方向和出路。也就是说，不管你是在学习、社交上遇到了烦恼，还是在自信心、意志力培养等方面产生了困惑，你都可以在这38封信中找到答案。

作为一个大富翁，他在书信中提到的赚钱的思维，以及制订计划和实现目标的方法等，同样值得我们学习和借鉴，可以帮助我们提升财商和情商。

为了能让大家更好地领会和运用洛克菲勒的智慧精髓，本书精心筛选并编译了洛克菲勒写给儿子的38封信。此外，本书还联系实际，把时常发生在我们身边的各种事件，通过漫画的形式演绎了出来，以启发我们树立正确的人生观、价值观，变得勇敢自信，能够突破自我，拥有向上成长的力量，越成长越优秀。

接下来，就让我们一起来读一读洛克菲勒的这38封信吧！

目录

起点不决定终点

亲爱的约翰：

　　你希望我能始终与你一起远航，虽然这个想法听起来非常不错，但我不是你永远的船长。上帝之所以为我们创造双脚，就是希望我们能用自己的双脚前行。

　　当然，我希望你在不远的将来就能出类拔萃，并能超越我。为了能让你有一个高起点，我决定将你留在我身边，让你尽量少走一些弯路。

　　但你不能因此而觉得庆幸或者去向他人炫耀，也不用前来感激我。

　　你要知道，每个人的人生起点不尽相同，但这并不意味着人们最终的人生会被出身决定。在这个世界上，永远没有穷富世袭，也永远没有成败罔替，有的只是"我奋斗，我成功"的真理。我始终坚信，我们的命运由自身的行动决定，而绝对不会完全由我们的出身决定。

　　约翰，机会永远都不平等，但结果却可能平等。历史上，无论是在政界还是在商界，尤其在商界，白手起家的人比比皆是，他们曾经都因贫穷而少有机会，但都因努力奋斗而功成名就。同样，拥有一切优势的富家子弟最终走向失败的事例也数不胜数。

　　家族的荣耀与辉煌的过去，并不能保证其子孙后代有美好的未来。当然，我承认家族的荣耀与辉煌的过去能在早期对人有很大的帮助，但这不是最后赢得胜利的保障。我曾经不止一次地思考，富家子弟在继承优势的同时，他们学习和发展生存技能的机会也减少了。而一些出身窘迫的人因为解救自身的迫切需要，便会积极发挥创意和能力，并且珍惜和把握各种机会。我还注意到，富家子弟缺乏贫困出身者身上那种想要拯救自己的野心，他们做的仅仅是祈求上帝赐予他们成就。

因此，在你和你的姐姐们很小时，我就有意识地不让你们知道我是个富人，我努力向你们灌输节俭、个人奋斗等价值观念，因为我知道给人带来伤害最快捷的方式就是金钱，它可以让人腐化堕落、飞扬跋扈、不可一世，失去最美好的快乐。我不能用财富埋葬我心爱的孩子，不能让你们成为不思进取、只知道依赖父母财富的平庸之辈。

所以，你需要增强这样的信念：起点可能会影响结果，但不会决定结果。能力、态度、性格、抱负、手段、经验和运气等，在人生和商业世界里扮演着极为重要的角色。你的人生刚刚开始，但一场人生之战就在你面前。我能深切地感受到你想成为这场战争的胜者，但你要知道，每个人都有追求胜利的意志，只有做好准备的那些人才会赢得胜利。

爱你的爸爸

1897年7月20日

虽然大家的学习基础不一样，但只要我们能在学习的过程中多多用功，努力上进，就能弥补基础薄弱的问题，从而在学习上取得成功。

洛克菲勒曾对儿子说："一个真正快乐的人，是能够享受自己创造成果的人。那些像海绵一样，只知道索取而不懂得付出的人，永远也无法体会到真正的快乐。"那么，就让我们努力创造让自己满意的学习成果，享受学习的快乐吧！

接下来，我一定会努力学习的，我相信自己一定能在学业上取得进步！

亲爱的约翰：

成功不是用一个人的身高、体重、学历或家庭背景来衡量的，而是由其思想的"大小"决定的。我们思想的"大小"决定我们成就的大小。这其中最重要的一条就是我们要看重自己，克服人类最大的弱点——自卑。

几千年来，很多哲学家用他们的智慧启发我们要认识自己。但是，很多人都把它解释为仅仅认识自己消极的一面。大部分的自我评估都包括太多的缺点、错失与无能。认识自己的缺点固然有积极的一面，我们可以借此不断改进自己。但是，我们如果仅仅认识自己消极的一面，就会陷入混乱，会觉得自己没有任何价值。

当一个人觉得自己比不上别人时，他就会表现出真的比不上别人的各种行为，而且这种感觉无法掩饰或隐瞒。那些自以为不是很重要的人，就真的会成为不是很重要的人。

而那些相信自己具有承担重大责任的能力的人，就真的会变成一个很重要的人物。所以，如果你真想成为重要人物，首先就必须从心里认为自己确实很重要，而且要真诚地肯定，如此别人才会跟着这么想。

每个人都无法逃脱这样一个推理原则：你如何思考将会决定你采取什么样的行动，你的行动方式将决定别人对你的看法。

一个人的思想观念是人格的核心。你认为自己是什么样的人，你就真的会成为什么样的人。

不管他是谁，不管他身居何处，不管他是无名之辈还是身世显赫，不管他是文明还是野蛮，也不管他是年轻还是年老，他都有成为重要人物的强烈欲望。

但是，为什么很多人却将这个本可以实现的目标变成了永远无法实现的美梦呢？在我看来，态度起到了决定性作用。态度是我们每个人思想和精神因素的物化，它决定着我们的选择和行动。从这个意义上说，态度是我们最好的朋友，也是我们最大的敌人。

当然，我们不能左右风的方向，但我们可以调整风帆——选择我们的态度。一旦我们选择了看重自己的态度，那些"我是个没用的人""我是个无名小卒""我算老几""我一文不值"等贬低自己、消磨意志、削弱信心和自暴自弃的懦夫的想法就会消失殆尽，取而代之的是心灵的复活、思维和行为方式的积极改变、信心的增强，以"我能""我会"的心态面对一切。

你一定要专注自己的长处，告诉自己你比你想象的还要好。你要让自己的眼光注视到更远的未来，你要对自己充满期待，而不能只将眼光局限于现状。要随时记住这个问题："重要人物会不会这么做呢？"做到这些的话，成为重要的伟大人物也就离你不远了。

爱你的爸爸

1897年7月21日

我们要相信自己很重要，然后抱着积极乐观的态度去面对我们生活和学习中的各种考验。我们解决每一个问题后，会发现自己如此有价值，也就会变得更加自信乐观了。

洛克菲勒曾对儿子说："提高思考力，会让人们的行为水准得以提高，使人们更有作为。"那么，就让我们多多发掘事件中积极向上的一面，收获成长的力量吧！

小帆终于意识到自己也是重要的一分子了。

03 适当隐藏你的锋芒

醒脑家书

亲爱的约翰：

爸爸希望你能摆脱对知识和学问的依赖心理，这将会是你走上人生坦途的关键。

你要知道，学问本身并不代表能力。你需要将你所具备的学问巧妙地运用到实践当中，才算是发挥了学问的作用。要成为能够活用学问的人，你必须首先成为具有实践能力的人。

那么实践能力从何而来呢？

在我看来，实践能力就潜藏在吃苦的过程中。我的经验告诉我，走过布满艰辛、不幸、困难和失败的艰难之路，不仅会铸就我们坚强的性格，还能锻炼我们成就大事的实践能力。在苦难中向上攀爬的人，知道什么叫千方百计地去寻找方法、手段，让自己得救。处心积虑地去吃苦，是我笃信的成功信条之一。

也许你会笑话我，认为没有什么想法比吃苦更傻的了。不！吃苦带给你的是：将事业大厦建立在坚实的地面上，而不是流沙里。人要有远见，只有长时间地吃苦，才有长时间的收获。

没有知识的人终无大用，但有知识的人很可能会成为知识的奴隶。我们要知道，一切知识都会转化成先入为主的观念，结果是形成一边倒的保守心理，使人认为"我懂""我了解""社会本来就是这样"。人们有了"懂"的感觉后，就会失去想要知道的兴趣，而没有兴趣将会丧失前进的动力。

很多有知识的人对"不懂"总是难以启齿，认为向别人请教，表示自己不懂，是见不得人的事，甚至把不懂当罪恶。这其实是自作聪明，这种人永远都不会理解那句伟大的格言："每一次说不懂的机会，都会成为我们人生的转折点。"

自作聪明的人是傻瓜，懂得装傻的人才是真聪明。如果把聪明视为可以捞到好处的标准，那我显然不是一个傻瓜。

直到今天我都能清晰记得一次装傻的情景。当时我正为如何筹借到一万五千块钱而大伤脑筋，走在大街上都在苦苦思索这个问题。说来有意思，正当我满脑子闪动着"借钱、借钱"的念头时，有位银行家拦住了我的去路，他在马车上低声问我："你想不想借五万块钱，洛克菲勒先生?"我交了好运吗？我有点儿不相信自己的耳朵。但在那一瞬间我没有表现出丝毫的急切，我看了看对方的脸，慢条斯理地告诉他："是这样……您能给我24小时考虑一下吗?"结果，我以最有利于我的条件与他达成了借款合同。

装傻带给你的好处有很多很多。装傻的含义，是摆低姿态，变得谦虚，换句话说，就是瞒住你的聪明。越是聪明的人越有装傻的必要，这就像那句格言所说的："越是成熟的稻子，越垂下稻穗。"

爱你的爸爸

1897年10月9日

　　洛克菲勒曾说："'让我等等再说'，是我在经商中始终奉行的格言。"有时候，适当隐藏自己的锋芒，试着装傻，这或许是我们融入集体，或避免不必要纷争和敌意的一种选择。

阿南，你的口语这么棒是怎么做到的？

我们可要好好向你学习。

把你了不起的学习方法给我们分享一下啊！

没有什么特别的秘诀，只是我在学英语上投入了大量时间，你们也能学好的。

04

现在就去做才能争取机会

醒脑家书

亲爱的约翰：

聪明人说的话总是让我刻骨铭心。有位聪明人说得好："教育涵盖了诸多方面，但其本身不教你任何一面。"这位聪明人向我们展示了一条真理：如果你不采取行动，世界上最实用、最美丽、最可行的哲学也无法行得通。

我始终相信，机会是靠争取得来的。再好的构想都存在缺陷，即使是再普通不过的计划，只要你确实执行并且继续发展，所取得的效果就会比半途而废的漂亮计划好得多，因为前者会贯彻始终，而后者却前功尽弃。所以，在我看来，成功没有秘诀，要在人生中取得正面结果，有过人的聪明智慧和一技之长自然好，没有也无须沮丧，只要肯积极行动，你就会越来越接近成功。

遗憾的是，很多人并没有认识到这一点儿，结果让自己沦为了平庸之辈。看看那些庸庸碌碌的普通人，你会发现，他们都在被动地活着，他们说的远比做的多，甚至只说不做。但他们几乎人人都是找借口的专家，他们会找各种借口拖延，直到最后他们证明这件事不应该、没有能力去做或已经来不及了为止。

很多人承认，没有智慧作为基础的知识是没用的，但更令人沮丧的是即使空有知识和智慧，如果没有行动，一切仍属空谈。行动与充分准备其实可视为物体的两面。人生必须适可而止。做太多的准备却迟迟不去行动，最后只会徒然浪费时间。换句话说，事事必须有度，我们不能落入不断演练、计划的圈套，而必须承认不论计划有多周详，我们仍然不可能准确预测最后的解决方案。

我当然不否认计划的重要性，计划是获得有利结果的第一步，但计划并非行动，也无法代替行动。就像打高尔夫球一样，如果没有打过第一洞，便无法到达第二洞。行动解决一切。没有行动，什么都不会发生。我们无论如何也买不到万无一失的保险，但我们可以做到的是下定决心去实行我们的计划。

缺乏行动力的人，都普遍有这样的表现：喜欢维持现状，拒绝改变。我认为这是一种极具欺骗和自我毁灭效果的坏习惯，因为一切都在变化之中，正如人有生死一样，没有不变的事物。但因内心的恐惧——对未知的恐惧，很多人抗拒改变，哪怕现状多么令他不满意，他都不敢向前跨出一步。看看那些本该事业有成，结果却一事无成的人，你就知道不同情他们是件很难的事。

爱你的爸爸

1897年12月24日

　　我们总是抱有很多美好的愿望，对很多事充满兴趣，但总被缺乏行动力这只拦路虎挡住去路。时间有限，想做的事又很多，那就只能抓住现在，用行动来换取结果。

　　洛克菲勒曾说："人们用来判断你能力的真正基础，不是你脑子里装了多少东西，而是你的行动。人们更信任脚踏实地的人，他们都会想'这个人敢说敢做，一定知道怎么做最好'。"所以，想完成的事，只有现在去做，才不会让机会溜掉。

我好几次没按时完成作业，错过了领小红花的机会。

放心，有了写作业计划，严格执行，你一定可以的。

是的，只有马上去做，我们才能把机会抓在手里。

05

天堂和地狱都由自己建造

表哥，你可算来了，我有好几个问题要请教你呢。

让我听听你在学习上遇到了什么问题。

数学分数部分好难。

是吗？我帮你看看。

你看，这怎么比较大小？

盘子中有15条鱼，小黄猫吃了三分之一，小白猫吃了五分之一。请问谁吃得多？

你可以这样想，把15条鱼分成三份，每份是5；把15条鱼分成五份，每份是3，这样就能看出大小了。

表哥真厉害，这么一讲我就明白了。

只要不逃避难题，你一定可以把数学学好的。

我来分糕点，先一人一份，剩下的再平均分给大家。

学以致用。

我也是。

小西可要多多以表哥为榜样哦！

加油！

亲爱的约翰：

我可以很自豪地说，我从未经历过失业，这并非我幸运，而是我从不把工作视为毫无乐趣的差事，并能从中找到无限的乐趣。

我认为工作是一项特权，它能带来比维持生活更多的事物。工作是所有生意的基础、所有繁荣的来源，也能塑造天才。

我初入商界时，时常听人说，一个人想爬上高峰需要牺牲很多。然而，岁月流逝，我慢慢了解到很多正爬向高峰的人，并不是在"付出代价"。他们努力工作是因为他们喜爱工作。任何行业中往上爬的人，都是完全投入正在做的事情，且专心致志。

热爱工作是一种信念。怀着这个信念，我们能把绝望的大山凿成一块希望的磐石。一位伟大的画家说得好："痛苦终将过去，但是美丽永存。"

但有些人显然不够聪明，他们有野心，却对工作过分挑剔，一直在寻找"完美的"雇主或工作。事实是，雇主需要准时工作、诚实而努力的雇员，他只将加薪与升迁机会留给那些格外努力、格外忠心、格外热心、花更多时间做事的雇员，因为他在经营生意，而不是在做慈善事业，他需要的是那些更有价值的人。

不管一个人的野心有多大，他至少要

先起步，才能到达高峰。一旦起步，继续前进就不太困难了。

老实说，我也是有野心的，从小我就想成为巨富。对我来说，我受雇的休伊特—塔特尔公司是一个锻炼我的能力、让我一试身手的好地方。它代理各种商品销售，拥有一座铁矿，还经营着两项让它赖以生存的技术，即给美国经济带来革命性变化的铁路与电报。它把我带进了妙趣横生、广阔绚烂的商业世界，让我学会了尊重数字与事实，让我看到了运输业的威力，更培养了我作为商人应具备的能力与素养。所有的这些都在我以后的经商中发挥了极大效能。可以说，没有在休伊特—塔特尔公司的历练，我在事业上或许要走很多弯路。

天堂和地狱都由自己建造。如果你赋予工作意义，不论工作大小，你都能感受到快乐，自我设定的成绩不论高低，都会使人对工作产生乐趣。如果你不喜欢做的话，任何简单的事都会变得困难、无趣。当你叫喊着这个工作很累人时，即使你不出力，你也会感到精疲力竭；反之就大不相同。事情就是这样。

约翰，如果你视工作为一种乐趣，人生就是天堂；如果你视工作为一种义务，人生就是地狱。审视一下你的工作态度，那会让我们都感到愉快。

爱你的爸爸

1897年12月25日

　　学习和工作一样，其意义是自己所赋予的，其快乐与否取决于自己的心态。在我们拥有学习机会的时候，我们可能体会不到其中的快乐；一旦失去学习的机会，就会意识到学习是多么快乐的一件事。尽管在学习的过程中会伴随着困难，但当你学到知识，能用学到的知识解决现实问题，成为一个见多识广的人时，你就能真正体会到学习的乐趣。

　　洛克菲勒曾说："工作是一种态度，它决定了我们快乐与否。"其实，学习也是一种态度，他决定了我们知识的广博与否。

听说有些同学遇到难的科目会选择逃避，而我没有，我及时寻求帮助解决了问题，我觉得自己很会学习呢！

好酷！我也要学骑自行车。

妈妈，可不可以给我买一辆自行车？

学骑自行车除了能代步外，还能锻炼身体，妈妈同意。

哎呀！

摔得我好疼，有点儿不想学了。

昨天摔的地方还疼着呢，真没勇气继续学下去了。

拦路虎

万事开头难，我们慢慢来嘛！

你的勇气在我面前可是一文不值哦！

亲爱的约翰：

几乎每一位事业有成的人都在警告世人：你不能靠运气活着，尤其不能靠运气来建立职业生涯规划。有趣的是，大部分人对运气深信不疑，我想他们是错把机会当运气了。没有机会就没有运气。

约翰，想一想你认识的那些幸运儿，你几乎可以确定，他们都不是温良、恭俭、谦让的人，也几乎可以非常确定，他们总是散发出自信的光辉和天下无难事的态度，甚至会显得非常大胆。这其中潜藏着一个"鸡生蛋、蛋生鸡"的问题，幸运儿是因为幸运才表现得自信和大胆，还是他们的"运气"是自信和大胆的结果呢？我的答案是后者。

"幸运之神眷顾勇者"是我一生尊奉的格言。胜利不一定属于强者，高度警惕、生气勃勃、勇敢无畏的人也会获胜。当然，也有人相信谨慎胜过勇敢。但勇敢和大胆比谨慎更引人注目、更受欢迎，且更有吸引力，懦弱根本不能与之相比。

我从未见过不欣赏自信果决之人的人，每个人都是自信果决的人的支持者，期望这样的人担任领袖，而我们之所以被他们吸引，就在于他们有着强大的吸引力。所以，勇敢的人常常会比较成功，会较容易担任领袖、总裁和司令官，那些迅速升职的人都属于这样的人。

经验告诉我，大胆果决的人，能完成最好的交易，能吸引他人的支持，结成最有力的盟约；而那些胆小、犹豫的人却难以捞到这样的好处。不仅如此，大胆的方法对自己也大有裨益，有自信的人期望成功，他们会配合自己的期望，设计所有的计划以追求成功。

当然，这样做不能保证绝对会成功，却能自然而然地推出对成功的展望。换句话说，如果你觉得自己是赢家，你的行为就会像个赢家；如果你的行为像个赢家，你就很可能去做更多赢家的事，从而改变你的"运气"。

真正的勇者并非不可一世的狂妄之徒，更不是没有脑子的莽撞汉。勇者知道运用预测和判断力，计划每一步和做每一个决定。这种做法就像军事策略家所说的那样，会让你力量大增，也就是拥有一种武器，能立刻形成明显的优势，帮你战胜对手。

约翰，态度有助于创造运气，而机运就在你的选择之中。如果你有51%的时间做对了，那么你就会变成英雄。这是我关于幸运的最深体会。

爱你的爸爸

1898年10月7日

　　我们总是希望幸运可以降临到我们身上，帮助我们实现很多愿望，例如考试拿高分、买到心仪的玩具、交到优秀的朋友等。这些我们所期待的事，真的会平白无故地降临到我们身上吗？答案可能是否定的。

　　洛克菲勒告诉儿子："幸福之神更加眷顾勇者。"对此，我们可以这样来理解：勇者更懂得为自己及时争取机会；勇者知道不断强大自己，吸引志同道合的人来到自己身边；勇者懂得抓住学习和锻炼的机会，不断突破自己……所以，让我们成为勇敢无畏的人吧！

爸爸，等我学会这一招了，我就学下一招。

这才是勇敢的小西应该做的，掌握了控制平衡的技巧，接下来就容易多了。

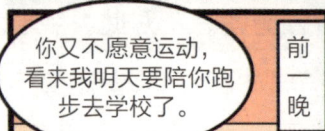

亲爱的约翰：

你因为借了我的钱去股市闯荡而总感到不安，这我能够理解。因为你想赢，但又害怕在那个冒险的世界里输，而输掉的钱不是你的，是借来的，并且得支付利息。

这种输不起的感受，在我创业之初，乃至较有成就之后，似乎一直在支配着我，以致每次借款前，我都会在谨慎与冒险之间徘徊，苦苦挣扎，甚至夜不能眠，躺在床上就开始算计如何偿还欠款。

常有人说，冒险的人经常失败。但白痴又何尝不是如此？在我恐惧失败过后，我总能打起精神，决定再次去借钱。事实上，为了进步，我没有其他道路可寻，我不得不去银行贷款。

儿子，呈现在我们眼前的，经常是巧妙化解棘手问题的大好良机。借钱不是坏事情，它不会让你破产，你要做的是不把它当成救生圈一样的东西，并且只在危机时使用。所以，把借钱看成是一种有力的工具，那样你就能用它来开创机会。否则，你就会掉入恐惧失败的泥潭，被恐惧束缚住你本可大展宏图的双臂，进而一事无成。

我所熟知或认识的富翁中，只靠自己一点一滴、日积月累挣钱发达的人少之又少，更多的人是因借钱而发财。这其中的道理并不深奥，一块钱的买卖远远没有一百块钱的买卖赚得多。

不论是要赢得财富，还是要赢得人生，优秀的人在竞技中想的不是输了自己会怎样，而是要成为胜利者自己应该做什么。借钱是为了创造好运。如果抵押一块土地就能借得足够的资金，让我独占一块更大的地方，那么我会毫不迟疑地抓住这个机会。在克利夫兰时，为了扩张实力，夺得克利夫兰炼油界头把交椅，我曾多次欠下巨债，甚至不惜把我的企业抵押给银行，结果是我成功了，我创造了令人震惊的成就。

儿子，人生就是不断抵押的过程，为前途我们抵押青春，为幸福我们抵押生命。因为如果你不敢逼近底线，你就输了。为成功抵押冒险不值得吗？

谈到抵押，我想告诉你，在我从银行家手里接过巨款时，我抵押出去的不光是我的企业，还有我的诚实。我视合同、契约为神圣的东西，我严格遵守合同，从不拖欠债务。我对投资人、银行家、客户，包括竞争对手，从不忘以诚相待，在同他们讨论问题时，我都坚持讲真话，从不捏造或含糊其词，我坚信谎言在阳光下就会显形。

儿子，诚实是一种方法，一种策略。因为我诚实，所以我赢得了银行家乃至更多人的信任，也因为它渡过一道道难关，踏上了快速的成功之路。今天，我无须再求助于任何一家银行，我就是我自己的银行，但我永远都在感激那些曾鼎力帮助过我的银行家们。

爱你的爸爸

1899年4月18日

在成长的过程中，我们总会遇到需要做出取舍和抉择的事。这就像鱼与熊掌不可兼得一样：为了取得好成绩，我们付出了玩耍的时间来学习；为了让自己更有才艺，我们付出了周末放松休息的机会来上兴趣班；为了让自己保持健康，我们付出了吃零食的机会来吃营养均衡的食物……

正如洛克菲勒所说，人生是在不断地做抵押，也只有放开胆子敢于付出，我们才能为自己谋得更大的利益。

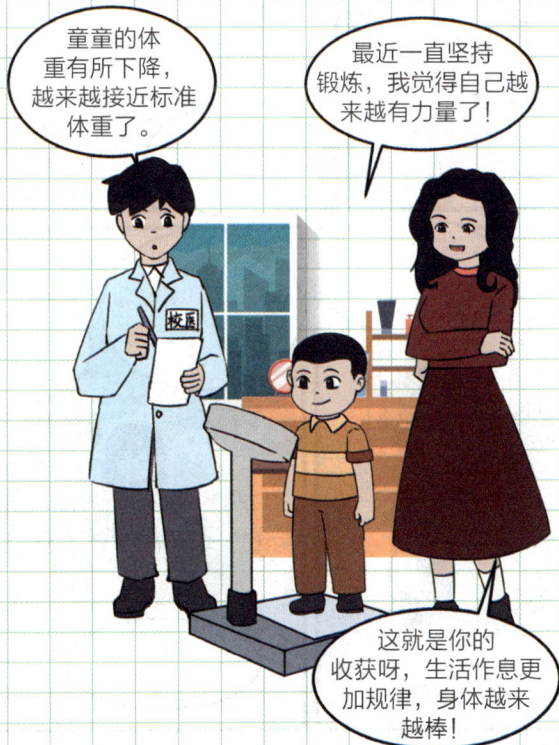

童童的体重有所下降，越来越接近标准体重了。

最近一直坚持锻炼，我觉得自己越来越有力量了！

这就是你的收获呀，生活作息更加规律，身体越来越棒！

千万别让精神破产

小美写毛笔字的水平越来越高了，这次肯定能拿奖。

小美真棒啊！

我会加油的！

小美，这次我们没有入围，以后还有机会的。

这次我们就当是积累经验了。

小美，你看着一点儿精神也没有。

你要是有什么事，可以跟我们说呀。

我在书法大赛上没有入围，感觉自己好差劲。

在我们看来，你的毛笔字可是一流的，你不要气馁。

对啊，明年可以再参加的嘛！

谢谢你们安慰我。

亲爱的约翰：

你近来的情绪过于低落了，这让我很难过。我能真切地感受到，你还在为那笔让你赔进一百万的投资感到耻辱和羞愧。以至于终日闷闷不乐、忧心忡忡。其实，这大可不必，一次失败并不能说明什么，更不会在你脑门上贴上无能者的标签。

快乐起来，我的儿子。你需要知道，这个世界上的每个人都没有顺遂的人生；相反，却要时刻与失败比邻而居。也许正因为这个世界上有太多太多无奈的失败，追求卓越才变得魅力十足，让人甚至不惜以生命为代价。即便如此，失败还是要来。我们的命运也依然如是。只是与有些人不同，我把失败当作一杯烈酒，咽下去的是苦涩，吐出来的却是精神。

人人都厌恶失败，然而，一旦将避免失败变成你做事的动机，你就走上了怠惰无能之路。这非常可怕，甚至是一种灾难。因为这预示着人或许要丧失原本可能有的机会。

儿子，机会是稀少的东西，人们因机会而发迹、富有。看看那些穷人你就知道，他们不是无能的蠢材，他们也不是不努力，他们是苦于没有机会。

害怕失败就不敢冒险，不敢冒险就会错失眼前的机会。所以，我的儿子，为了避免丧失机会，保住竞争的资格，我们支付失败与挫折是值得的!

　　失败是走上更高地位的开始。我可以说,我能有今天的成就,是踩着失败的螺旋阶梯升上来的,是在失败中崛起的。不过,我是一个聪明的"失败者",我知道向失败学习,从失败的经验中汲取成功的因子,用自己不曾想到的手段,去开创新事业。

　　当然,失败有它的杀伤力,它可以让人萎靡、颓废,丧失斗志和意志力。重要的是你将失败看作什么。天才发明家托马斯·爱迪生先生,在用电灯照亮摩根先生的办公室前,共做了一万多次实验,在他那里,失败是成功的试验田。

　　儿子,你要宣布精神破产,你就会输掉一切。你需要知道,失败是一种学习经历,你可以让它变成墓碑,也可以让它变成垫脚石。

　　没有挑战就没有成功,不要因为一次失败就停下脚步,战胜自己,你就是最强的胜者!

　　我对你很有信心。

爱你的爸爸
1899年11月19日

在我们的成长过程中，经历失败是非常寻常的事，但我们万万不可被失败打倒。把失败当成学习的机会，说不定我们能进步得更快呢！

洛克菲勒有一个深信不疑的成功公式：梦想+失败+挑战=成功之道。在实践这个公式的过程中，我们要让自己处于活力满满、坚定、勇毅的状态，如此一来，在这种坚强意志的激励下，我们将不再惧怕任何失败，迎接成功的到来。

谢谢妈妈，我打算每天练习半小时，书法水平肯定会继续提升的。

真好啊，小美终于找回了动力，加油！

亲爱的约翰：

心情有好一点儿吗？如果还没有，我想，你需要再了解点儿什么。

你需要知道，在这个世界上，绝大多数的人都不免受一种特殊力量驱使，这种力量可以轻而易举地剥落紧裹我们人性的外衣，让我们完全裸露在阳光下，并公正地将我们圈定在纯洁与肮脏的图版上，以致让我们所有的辩护都变得苍白无力，无论我们多么伶牙俐齿。它就是检验我们人性的试金石——利益。

换句话说，利益是光照在人性上的影子，在它面前，一切与道德、伦理有关的本质都将现形，且一览无余。也许你认为我的话有些绝对，但我的经历就是这样告诉我的。

我可以断言，在这个世界上，没有不追逐利益的人。不过，在我看破这一切之后，我一直坚守着一个原则：我可以欺骗敌人，但决不欺骗自己。回击正在射杀我的敌人，永远不会让我的良心不安。

儿子，请不要误会我，我无意要将我们这个世界涂上一层令人压抑、窒息的灰色。事实上，我渴望友谊、真诚、善良和一切能滋润我心灵的美好情感，我也相信它们一定存在。

然而，很遗憾，在追名逐利的商场中，我难以得到这种满足，却要经常遭遇出卖和欺骗的打击。直到今天，我还能清晰地记得数次被骗的经历，那真是刻骨铭心啊！

最令我不可接受的是，在谋利游戏中，今天的朋友会变成明天的敌人。这种情形常有发生，我的两位教友就曾肆无忌惮地多次蒙骗我。看在上帝的分上，我不想历数他们的罪恶。但我可以告诉你，当我知道我一直被他们欺骗时，我震惊了，我不明白与我一同祷告、虔诚地发誓要摈弃骄傲、纵欲和贪婪之心的人，何以如此卑鄙！

历经种种欺骗与谎言，我无奈地告诉自己：你只能相信自己，只有如此，你才不会被人蒙骗。我知道这种略带敌意的心态不好，但这个世界有太多太多的欺骗，提防是我们不可或缺的生存技能。

儿子，命运给予我们的不是失望之酒，而是机会之杯。振作起来！发生在华尔街的那件事，并没有什么了不得，那只是你太相信别人而已。不过，你需要知道，好马不会在同一个地方跌倒两次。

爱你的爸爸

1899年11月29日

无论是在校园还是在日常生活中，我们可能会碰到一些故意针对我们的人，这些人出于对自身利益的考虑，用言语或行为的武器来戳伤我们，让我们的内心很受伤。

所以，我们要学着保持警惕，对自己负责，能从生活中不断积攒为人处世的经验，懂得保护自己，坚持自我。

10

幸运往往来自精心策划

同学们，学校秋季运动会要开始报名了，大家踊跃报名哦！

我想参加跳绳，你呢？

我没有擅长的，就不参加了。

运动会

童童最近不是一直在跑步吗？你参加50米跑肯定没有问题。

童童，你可不能让最近锻炼出来的力量白白浪费掉啊。

参加运动会我还真没有把握。

你就把运动会也当成是一个锻炼机会。

我不行，我不行，老师。

保龄球，我对这个项目还挺感兴趣的。

石平

那保龄球这类项目总行吧？

嘣！

那最近我们都好好准备运动会吧。

醒脑家书

亲爱的约翰：

有些人注定会成为令人瞩目的王者或伟人，因为他们非凡的才能。譬如，老麦考密克先生，他长着一颗能制造幸运的脑袋，知道如何将收割机变成收割钞票的镰刀。

这位原本只能做个普通农具商的商界奇才，说过一句深奥的名言："幸运是设计的残余物质。"这句话理解起来的确颇费脑筋，它是指幸运是设计的结果呢，还是幸运是设计之后剩余的东西呢？经验告诉我，这两种意义都有。换句话说，我们创造自己的幸运，我们的任何行动都不可能把幸运完全消除，幸运是设计过程中难以摆脱的福音。

老麦考密克先生洞悉了幸运的真谛，打开了幸运通行的大门。所以，我对老麦考密克先生的收割机能行销全球，成为"日不落"产品，丝毫不感到奇怪。

然而，在我们这个世界上，很难找到像老麦考密克先生那样善于设计幸运的人，也很难找到不相信幸运的人和不误解幸运的人。

在普通人眼里，幸运永远是与生俱来的，只要发现有人在职务上得到升迁、在商海中势如破竹，或在某一领域取得成功，他们就会很随便、甚至用轻蔑的口气说："这个人太幸运了，是好运帮了他！"这种人永远不能窥见一个让自己赖以成功的伟大真理：每个人都是他自己命运的设计师和建筑师。

约翰，要想让我们好运连连，我们必须精心策划幸运；而策划幸运，需要好的计划，好的计划一定是好的设计，好的设计一定能够发挥作用。你需要知道，在构思好的设计时，要首先考虑两个基本的先决条件：第一个条件是知道自己的目标，譬如你要做什么，甚至你要成为什么样的人；第二个条件是知道自己拥有什么资源，譬如地位、金钱、人际关系，乃至能力。

这两个基本条件的顺序并非绝对不能改变。还可以把它们混合一处，形成第三和第四种方法。例如拥有某种目标和某种资源，为实现目标，你必须选择性地创造一些资源；也可能拥有一些资源和某个目标，你必须根据这些资源，提高或降低目标。

你根据资源调整目标或根据目标调整资源之后，就有了一个基础——可以据以构思设计的结构，剩下能够做的就是用手段与时间去填充，和等待幸运的来临了。

你需要记住，设计幸运，就是设计人生。所以在你等待幸运的时候，你要知道如何引导幸运。试试看吧！

爱你的爸爸

1900 年 1 月 20 日

　　我们常听人说:"越努力,越幸运。"其实,努力的过程,就是在创造幸运。例如,我们越是努力学习、发展兴趣爱好、强身健体,就会变得越优秀,那么参加各种活动的底气就会越足,收获的赞美和荣誉也就更多。这难道不是幸运降临的一种表现吗?

　　洛克菲勒有这样的信条:我不靠天赐的幸运活着,但我要通过设计幸运使自己发达。所以,不要像守株待兔那样静静等待幸运降临,而是主动为自己精心设计幸运吧!

满分!童童太厉害了!

做了精心准备,我的收获不少啊!

11

忍耐是为人处世的一种态度

醒脑家书

亲爱的约翰：

非常感谢你对我的信任，告诉我你退出花旗银行董事会的事情。我当然理解你为什么这样做，你已经无法继续忍受同仁们的某些做法，更不想继续屈从于他们。

但是，你的决定是否明智，似乎还有待时间来证实。理由很简单，如果你不主动放弃花旗银行董事的职位，而是选择留在那里，或许你会得到更多。

我知道，屈从是思想的大敌，也是自由的狱吏。然而，对于一个胸怀大志的人而言，保持必要的屈从与忍耐，恰恰是一条屡试不爽的成功策略。追溯过往，曾经我忍耐过许多，也因忍耐得到过许多。

在我创业之初，由于缺少资金，我的合伙人克拉克先生邀请他昔日的同事加德纳先生入伙，对此我举双手赞成，因为有了这位富人的加入，就意味着我们可以做我们想做、有能力做、只要有足够资金就能做成的事情。

然而，克拉克带来了一个钱包的同时，却送给了我一份屈辱，他们要把克拉克—洛克菲勒公司更名为克拉克—加德纳公司。他们将洛克菲勒的姓氏从公司名称中抹去的理由是：加德纳出身名门，他的姓氏能吸引更多的客户。

这是一个大大刺伤我尊严的理由！我

愤怒啊！我同样是合伙人，加德纳带来的只是他那一笔资金而已，难道他出身贵族就可以剥夺我应得的名分吗？但是，我忍下了，我告诉自己：你要控制住你自己，你要保持心态平静，这只是开始，路还长着呐！

我知道自己要到哪里去。在这之后我继续一如既往、不知疲倦地热情工作。到了第三个年头，我就成功地把那位极尽奢侈的加德纳先生请出了公司，让克拉克—洛克菲勒公司的牌子重新竖立起来！那时人们开始尊称我为洛克菲勒先生，我已成为富人。

在我眼里，忍耐并非忍气吞声，也绝非卑躬屈膝，忍耐是一种策略，同时也是一种性格磨炼，它所孕育出的是好胜之心。

约翰，在这个世界上需要我们忍耐的人和事太多太多，而引诱我们感情用事的人和事也很多很多。所以，你要修炼管理情绪和控制感情的能力，要注意在做决策时不要受感情左右，而是完全根据需要来做决定，要永远知道自己想要什么。你还需要知道，在机会的世界里，没有太多的机会可以争取，如果你真的想成功，你一定要掌握并保护自己的机会。

记住，要天天把忍耐带在身上，它会给你带来快乐、机会和成功。

爱你的爸爸

1900年9月2日

面对我们与他人的一些差异，或者长期坚持才能做成一件事时，忍耐就成了我们最厉害的武器。常言道，能忍常人所不能忍，才能成常人所不能成。

洛克菲勒说过："忍耐不是盲目的容忍，你需要冷静地考量情势，要知道你的决定是否会偏离或加害你的目标。"所以，有时候，我们就是要用镇静、若无其事的样子去面对一些人和事。

小西，你没有做错任何事，你肯定非常友善，所以在女生之间很受欢迎，这些都是你的优点。

但有些同学还是没有停止笑话我。

小西，学会容忍，忽视那些毫无道理的讥讽，不要因为别人的低素质而让自己苦恼。

亲爱的约翰:

你与摩根先生谈判时的表现,令我和你母亲感到惊喜,我们没有想到你竟然有勇气与那个盛气凌人的华尔街最大的钱袋子对抗:你应对沉稳,言辞得体,不失教养,并彻底控制住了对方。感谢上帝,能让我们拥有你这样出色的孩子。

你在信中告诉我,摩根先生待你粗鲁无礼,是有意想要侮辱你,我想你是对的。事实上,他是想报复我,结果成了你代我受辱。

你知道,此次摩根提出要与我结盟,是担心我会对他构成威胁。我相信他并不情愿与我合作,因为他知道我和他是跑在两条路上的马车,彼此谁都不喜欢谁。

但摩根是位商界奇才,他知道我不把华尔街放在眼里,更不惧怕他对我的威胁,所以他要实现他的野心——统治美国钢铁行业,就必须与我合作,否则,等待他的将是一场你死我活的竞争。

善于思考与善于行动的人,都知道必须祛除傲慢与偏见,都知道永远不能让自己的个人偏见妨碍自己的成功,摩根先生就是这样的人。所以,尽管摩根先生不想同我打交道,但他还是问我,是否可以在标准石油公司总裁办公室与他会面。

在谈判中能坚持到最后一刻的人一定会得到好处,所以我告诉摩根:"我已经退休了，如果你愿意，我很乐意在我家中恭候你。"他果真来了，这对他而言显然是有些屈尊。但他做梦都不会想到，当他提出具体问题时我会说："很抱歉，摩根先生，我退休了，我想我的儿子约翰会很高兴同你谈那笔交易。"

只有傻瓜才看不出来，我这是在公然轻视摩根，但他很克制，告诉我希望你能到他在华尔街的办公室去谈。我答应了。

对他人的报复，就是对自己的攻击。摩根先生似乎不懂得这个道理，结果为解心头怒火，反倒让你给控制住了。不管怎么说，尽管摩根先生对我公然侮辱他而耿耿于怀，但他始终将眼睛盯在要达成的目标上，对此我颇为欣赏。

我知道任何轻微的侮辱都可能伤及尊严。但是，尊严不是天赐的，也不是别人给予的，是你自己缔造的。尊严是你自己享用的精神产品，每个人的尊严都属于他自己，你自己认为自己有尊严，你就有尊严。所以，如果有人伤害你的感情、你的尊严，你要不为所动；你不死守你的尊严，就没有人能伤害你。

我的儿子，你与你自己的关系是所有关系的开始，当你相信自己，并与自己和解时，你就是自己最忠实的伴侣。也只有如此，你才能做到宠辱不惊。

爱你的爸爸

1901年2月21日

遭受他人的侮辱，很可能会让我们丧失努力的动力，甚至产生报复心理，但是，这样做能让我们找回自己的尊严吗？

洛克菲勒曾说："蒙辱不是件坏事，如果你是一个知道冷静反思的人，或许就会认为侮辱是测量能力的标尺，我就是这样做的。"所以，试着从侮辱中找到前进的方向，不断完善自己，一个更美好的自己将由我们亲自塑造。

大家回家后整理一下自己的旧物，到时候拿到学校的跳蚤市场上售卖哦！

我有旧书可以卖。

我有玩偶，这些都可以低价卖给有需要的人。

这有点儿像是做生意挣钱。

北极星小店

快乐小学跳蚤市场拍卖

大家都把自己不需要的东西带来了。

这也算是物尽其用了。

这就像是为自己的这些物件再找一个新家。

跳蚤市场，还会有爱心义卖活动。

这样可以让我们献出自己的爱心！

醒脑家书

亲爱的约翰：

约翰，看来你还得同摩根先生继续打交道，尽管你讨厌那个家伙。所以，我想给你一些建议。

第一，整体环境：市场状况如何，景气状况如何。

第二，你的资源：你有哪些优势（优点）和劣势（缺点），你有哪些资本。

第三，对手的资源：对手的资产状况如何，他的优势、劣势在哪里。在任何竞争中，谋划大策略的重要因素之一，就是了解对手的优势。

第四，你的目标和态度：太阳神阿波罗的座右铭只有短短的一句话："人贵自知。"你要知道自己在干什么、有什么目标，实现目标的决心有多坚决，认为自己像个赢家还是怀疑自己，在精神与态度上有什么优点和缺点。

约翰，你要记住我的一句话：你越是认为自己行，就会变得越高明，积极的心态会创造成功。

第五，对手的目标和态度：要尽量判断对手的目标，同样重要的是，要设法深入对手的内心，了解他的想法和感觉。

毫无疑问，最后这一条是最难实现和利用的，但你要去力争实现。那些伟大的军事将领大都有一个习惯，他们总是尽力了解对手的性格和习惯，以此来判断对手可能做出的选择和行动方向。在所有的竞争活动中，了解对手和竞争者也总是很有用的，这样你就可以预测对手的动向。主动、预期性的措施几乎总比被动反应有效，且更有力量。俗话说，"防患于未然"讲的就是这个道理。

做交易的秘诀在于，你要知道不能交易什么和可以交易什么。摩根先生视我们为墙角里的残渣，要清扫出去，但我们必须留在地板上。这是不能谈判的。同时，他还必须给出一个好价钱。但你也要知道，在做生意时，你绝对不能想把钱赚得一干二净，要留一点儿给别人赚。

约翰，你知道，我们愿意做这笔交易，是因为我们认为这笔交易对我们有利，这是显而易见的。然而，你不要受制于这种明显而狭隘的观点。

要完成一笔好交易，最好的方法是强调其价值。而很多人会犯强调价格而非价值的错误，常说什么"这的确很便宜，再也找不到这么低的价格了"。不错，没有谁愿意出高价，但在最低价之外，人们更希望得到最高的价值。

约翰，在你与摩根先生的谈判中，当涉及金钱时，你绝对不要先提金额，而要提供给他宝贵的价值，强调他从你这里能够买到什么。

我相信，人经过努力可以改变世界，达到新的、更美好的境界。祝你好运！

爱你的爸爸

1901年3月7日

行动时刻

如果你想锻炼自己的财商，想做一些小生意来为自己挣到人生的"第一桶金"，或者想要管理自己的零花钱，更加理性地购物消费，等等，那么，你就很需要知道交易的本质——交换价值，用别人想要的东西来换取你想要的东西。

你在尝试与人做交易的时候，还要记住洛克菲勒曾提醒儿子的一句话："真实了解自己与对手，是保证你在决策中取得大胜的前提。"

> 我要多逛几家，货比三家了再买。

> 你还可以试着倒差价，从这儿低价买入，到别的地方高价卖出！

> 那就让我们今天做商界奇才吧，目标就是赚钱和购买心仪的物品。

跳蚤市场

跳蚤市

14 合作永远是聪明的选择

为了学好英语，建议大家采用小组合作的方式学习。

将英语知识水平不同的学生组成一个小组。

我要跟阿南一组。

谁考虑和我一组呢?

我要找能与我相互督促的同学。

目标：掌握句式"Do you like___? Yes, I do./No, I don't."

Do you like bananas?

Yes, I do.

No, I don't.

No, I don't.

我除了口语不行，其他方面都还不错。

正好可以取长补短。

我各方面都不行，就请你们多多帮忙了。

我们四个一起努力吧!

今天的任务完成得不错!

今天上完英语课，重点内容我都记住了。

确实，有些内容这样合作学习能学得更快、记得更牢。

合作学习的方法真不错啊!

亲爱的约翰：

你与摩根先生的手终于握到了一起，这是美国经济史上最伟大的一次握手，我相信后人一定会记住这一伟大时刻，因为正如《华尔街日报》所说，它标志着"一艘由华尔街大亨和石油大亨共同打造的超级战舰已经出航，它将势不可当，永不沉没"。

约翰，你知道这叫什么吗？这就是合作的力量。

合作，在那些妄自尊大的人眼里，它或许是软弱或可耻的事情，但在我看来，合作永远是聪明的选择，前提是对我有利。现在，我很想让你知道以下事实。

假如说不是上帝成就了我今天的伟业，我很愿意将其归功于三大力量的支持：第一支力量来自按规则行事，它能让企业得以永续经营；第二支力量来自残酷无情的竞争，它会让每次的竞争更趋于完美；第三支力量则来自合作，它可以让我在合作中取得利益、获得好处。

而我之所以能跑在竞争者的前面，就在于我擅长走捷径——与人合作。在我创造财富之旅的每一站，你都能看到合作的站牌。因为从我踏上社会那一天起我就知道，在任何时候、任何地方，只要存在竞争，谁都不可能孤军奋战，除非他想自寻死路；聪明的人会与他人包括竞争对手形成合作关系，假借他人之力使自己生存下来或强大起来。

当然，我可以做出一个很可能会成为现实的假设：如果我们不与摩根先生联手，我们双方就很可能会拼个两败俱伤，而我们的对手卡内基先生则会坐收渔利，让其在钢铁行业始终一枝独秀的态势继续下去。但现在，卡内基先生一定是在捶胸顿足了，想想看，谁会在对手蚕食自己领地的时候还能泰然自若呢？除非他是躺在坟墓里的逝者。

合作可以压制对手或让对手出局，达到让自己向目标阔步迈进的目的。换句话说，合作并不见得是追求胜利。遗憾的是，只有为数不多的人才了解其中的奥妙。

但是，合作并不等同于友谊、爱情和婚姻，合作的目的不是去捞取情感，而是要捞到利益和好处。我们应该知道，成功有赖于他人的支持与合作，我们的理想与我们自己之间有一道鸿沟，而要想跨越这道鸿沟必须依靠别人的支持与合作。

当然，我永远不会拒绝与生意伙伴建立友谊，我相信建立在生意上的友谊远胜过建立在友谊上的生意。例如我与亨利·弗拉格勒先生的合作。亨利是我永远的知己、最好的助手；我与他结盟，他让我得到的不只是投资，更多的是智慧和心灵上的支持。

爱你的爸爸

1901年5月16日

行动时刻

　　合作是我们在学习与生活过程中必然会经历的一种体验。在与同学完成小组学习任务、参加小组比赛或者进行社会实践的过程中，我们总是离不开合作。合作能让我们互相取长补短，发挥众人的优势，更高效地达成目标。

　　洛克菲勒说："合作只是一种获利战术。"适时地与人合作，能更好地化解难题。当然，在与人合作的过程中，还要坚持"己所不欲，勿施于人"的行为准则。

我来搜集春节的习俗，我可以向爷爷请教。

我们探究的是春节，我来搜集春节来历方面的资料。

我通过走访和网络渠道来了解人们过春节时的感受。

那我来搜集与春节有关的故事。

这种分工合作模式真棒，将每个人的资料整理好后，一定是一篇非常不错的探究报告。

15 做目标主义者

058

醒脑家书

亲爱的约翰：

你能走向标准石油公司的核心，是你的荣耀，也是我的荣耀。然而，你需要知道，当你在享受这个荣耀时，你也要肩负起与之相伴的责任。否则，你就将有愧于这个荣耀，更会辜负众人对你的希望和信任。别忘了，你是标准石油公司的中坚。我们事业的最终成败，已与你息息相关，你当以更高的力量与牺牲标准来要求自己。

坦率地说，你要想在那个位置上干得出色，让大家认同你、敬佩你，你需要学习的东西还有很多。现在，你需要思考一个问题：你自己是否能成功掌控这个角色？

聪明人总会选择对自己最有利的态度。懂得领导艺术的人，总会自问：怎样的态度才能帮自己达到真正想要的结果？是鼓舞激励的态度，还是抱有同情的态度？他们永远不会选择冷淡或敌意的态度。

如果你把自己视为高高在上、一言九鼎的专制君主，你很可能会成为下一个法国国王路易十六。就我而言，我从不专横跋扈、制造冲突，或者给予自身过大的压力，反倒有给予部属信任、鼓舞士气的习惯。这个习惯会帮助我实现活用部属、达成我所期望的商业成就的目的。要做到这一点，方法很简单，那就是要知道如何运用设定目标的力量。

我是一个目标主义者，我从不像有些

人那样夸大目标的作用，却异常重视目标的功能。在我看来，目标是驱动我们潜能的关键，是主导一切的力量，它可以影响我们的行为，激励我们制造达到目标的手段。明确、果断的目标，更会让我们专注于所选择的方向，并尽力达成目标。

我的经验告诉我，一个人所达成的任务以及他最终的表现，与他的目标的本质及力量息息相关，而与他为了目标所做的事情几乎无关。想想看，没有一杆就能完成的高尔夫比赛，你需要一洞一洞打过去，你每打出一杆的目的就是离球洞越近越好，直到把它打进去。

目标是我领导的依据，目标就是一切。我习惯于在做任何事情之前先确立目标，而且每天我都要设定目标、无数的目标，譬如与合伙人谈话的目标、召集会议的目标、制订计划的目标等。我在做事之前也会先检视自己设定的目标。通常在我到达公司时，我已经成功做好了万全的准备。所以，在我心里从未出现过诸如"我没有办法""我不管了""没有希望了"等具有吞噬性的声音。每一天确立的目标，已经抵消了这些失败的力量。

如果你无法主动确立自己的目标，你就会被动或不自觉地选择其他目标，结果很可能会让你失去掌控全局的能力，同时你也将受制于使你分心的人或事件。

爱你的爸爸

1902年3月15日

行动时刻

无论是提升学习能力，还是培养学习态度，当我们为自己定下清晰的目标后，就如同手握指南针一样，能不断尝试，迎难而上，努力靠近我们的目标。

洛克菲勒曾说："目标可以为人类的努力增添方向与力量。"所以，为自己的行动确立目标，这能更好地驱动我们前进。

> 番茄工作法可是培养专注力的好工具。

目标：专注力培养
实施：每天晚上以20分钟为一个学习单元，在此期间只做与学习任务有关的事。如果中途出现走神等情况，重新以20分钟为一个学习单元进行练习
开始时间：下周一晚上
实施地点：自己房间的学习角
监督人：爸爸/妈妈
重要性：更好地完成学习任务，提升学习能力

> 一个番茄时间一般包含25分钟的学习时间和5分钟的休息时间，你也可以根据自己的情况调整番茄时间的长度哦！

不与消极的人为伍

亲爱的约翰：

我想你已经觉察到了，你的朋友已让你的某些思想和观念发生了变化。我当然不反对你扩大社交圈，它可以增加你的生活情趣，扩展你的生活领域，甚至帮你找到知己或让你实现人生理想的人。但有些人显然不值得你与其交往，比如那些拘泥于卑微、琐碎的人。

从我年轻的时候开始，我就拒绝同两种人交往。

第一种人是那些完全投降、安于现状的人。他们深信自己条件不足，认为创造成就只是幸运儿的专利，他们没有这个福气。这种人愿守着一个很有保障却很平凡的职位，年复一年，浑浑噩噩的。他们也知道自己需要一份更有挑战性的工作，这样才能继续发展与成长，但就因为有无数的阻力，使他们深信自己不适合做大事。

第二种人是不能将挑战进行到底的人。他们曾经非常向往成就大事，也曾替自己的工作大做准备，制订计划。但是过去十几年或几十年后，随着工作阻力的慢慢增加，为更上一层楼需要艰苦努力的时候，他们就会觉得这样下去实在不值得，因而放弃努力，变得自暴自弃。

这两种人身上有着共同的、极易感染他人的思想毒素，那就是消极。

我一直以为，一个人的个性与野心、目前的身份与地位，同与什么人交往有关。经常跟消极的人来往，他也会变得消极；跟小人物交往过密，他就会养成许多卑微的习惯。反过来说，经常受到大人物的熏陶，自然会提高他的思想水准；经常接触那些雄心万丈的成功人士，也会使他养成迈向成功所需要的野心与行动。

　　我喜欢同那些永远也不屈服的人做朋友。有个聪明人说得好："我要挑战令人厌恶的逆境，因为智者告诉我，那是通往成功最明智的方向。"只是这种人少之又少。

　　这种人绝不让悲观来左右一切，绝不屈从各种阻力，更不相信自己只能浑浑噩噩虚度一生。他们活着的目的就是获得成就。这种人都很乐观，因为他们一定要完成自己的心愿。这种人很容易成为各个领域的佼佼者。他们能真正地享受人生，也真正了解生命的可贵与价值。他们都盼望每一个新的日子，以及跟别人的新接触，因为他们把这些看成是丰富人生的历练，因此热烈地接受。

　　你确实能够做到这一点，只要你的思想正常，一定可以办到，而且你最好这样做。

　　当你有任何困难时，明智的做法是找第一流的人物来帮你。如果向一个失败者请教，就跟请求庸医治疗绝症一样可笑。

爱你的爸爸
1902年5月11日

你觉得自己周围的人都是积极向上的人吗？他们的积极情绪有没有感染过你呢？是不是那些积极向上的人总能成为我们的榜样，激励着我们成为自己期待的样子呢？

洛克菲勒曾说："我们不能阻止他人成为那些无聊的消极分子，却可以不被那些消极人士影响，以免降低我们的思想水准。"所以，让我们在生活和学习中，努力向那些积极向上、优秀出色的人看齐，这就像是用他们身上的光芒来温暖自己。

薇薇姐，我发现物理和天文之间有着很奇妙的联系，我准备找找天文方面的书读一读。

哇，被你发现了！你要是碰到有趣的书，也要推荐给我！

17 带着竞争的决心上路

我们班上有几个学习成绩好的同学不愿意帮助其他同学。

可能是那几个同学正好没空。

他们只是在闲聊，有同学问问题他们就走开了。

他们竞争意识比较强吧！

宝贝，你理解错了。

妈妈，原来竞争意识强可以是不帮助同学的理由啊。

妈妈，我觉得竞争好像是一件很残酷的事。竞争会不会影响我和朋友之间的关系呀？

竞争，是站在同一起跑点，看谁的速度快、谁能最先到达终点。

这就像你和朋友都想考100分，但最后可能会出现一个赶超另一个的情况，这是很正常的。

那我明白了，谢谢爸爸妈妈。

竞争又不是置朋友于死地。

亲爱的约翰：

我有一个不好的消息要告诉你，本森先生昨晚去世了。我很难过。

本森先生是我昔日的劲敌，也是一位我非常尊重的竞争对手，他出类拔萃的才干、顽强的意志和优雅的风度给我留下了深刻的印象。直到今天，我还记得在我们结盟之后，他跟我开的那个玩笑，他说："洛克菲勒先生，您是一个毫不手软而又完美的掠夺者，输给那些坏蛋，会让我非常难过，因为那就像遭遇了抢劫，但与您这种人交手，不管输赢，都会让人感到快乐。"

当时，我分不清本森是在恭维我还是在赞美我，我告诉他："本森先生，如果你能把掠夺者换成征服者，我想我会乐意接受的。"他笑了。

我非常敬佩那些在大敌当前依然英勇奋战的勇士，本森先生就是这样的人。

本森先生是个有雄心的商人，他要铺设一条从布拉德福德油田到威廉斯波特的输油管道，去拯救那些唯恐被我击垮而急欲摆脱我束缚的独立石油生产商们。当然，想从中大捞一把的念头更支配着他勇闯我的领地。

就在本森扬扬得意，享受成功快乐的时候，我向他发动了一系列令他难以招架的攻势。

我的每一轮攻击都致使本森先生无油可运,而我也成了胜利者。在那条被称为全美最长的输油管道建成未足一年时,本森先生投降了,他主动提出与我讲和。我知道这不是他们的本意,但他们很清楚,如果再与我继续对抗下去,等待他们的就只能是败得更惨。

约翰,每一场至关重要的竞争都是一场决定命运的大战,"后退就是投降!后退就将沦为奴隶!"战争既已不可避免,那就让它来吧!在这个世界上,竞争一刻都不会停止,我们也便没有休息的时候。我们所能做的,就是带上钢铁般的决心,迎接纷至沓来的各种挑战和竞争,而且要情绪高昂并乐在其中,否则,就不会产生好的结果。

要想在竞争中获胜,较为关键的是你要保持警觉。当你不断地看到对手想削弱你的时候,那就是竞争的开始。这时你需要知道自己拥有什么,也需要知道友善、温情可能会害了你,而后就是动用所有的资源,去赢得胜利了。

当然,要想在竞争中获胜,勇气只是赢得胜利的一方面,还要有实力。拐杖不能取代强健有力的双脚,我们要靠自己的双脚站起来。如果你的脚不够强壮,不能支持你,你不要放弃和认输,而是应该努力去磨炼、强化、发展双脚,让它们发挥力量。

我想本森先生在天堂里也会同意我的观点的。

爱你的爸爸

1903年2月19日

　　竞争是我们在成长过程中逃不掉的一个话题，无论是考高分，还是学才艺，都是我们与同龄人竞争的一种表现，而我们这样做的目的，就是希望自己能够拥有勇于进取、乐观向上、不甘落伍的精神，成为佼佼者。

　　洛克菲勒说过："就我本性而言，我不迎接竞争，我摧毁竞争者。但我不需要不光明的胜利，我要赢得美满、彻底而体面。"所以，始终记得公平地与人竞争，我们的实力才能完美地展示出来，我们也会被美名所追随哦！

踢球比赛也是竞争，队员们按照规则认认真真地踢球，最终得分最高的队就会获胜。

小西，这么明显的事，还需要停下来感叹一番？

哈哈，我这不是刚刚解开了对竞争的误解嘛！

18 信心的力量可以撼动山峦

这道题谁来解答一下呢？

$$\frac{5}{6} - \frac{2}{6} = \underline{\quad}$$

这道题我会，但要不要举手呢？

我会。

我做事怎么犹犹豫豫的呢？

我对自己又有些失望了，走起路来都没有劲儿了。

谁让你整天看不起自己，没有信心呢！

还有像小帆这样缺乏自信的人，我们一定要找到他们。

对对，不然我们可就无处可去了。

我明明很想和他们一起打球的。

小帆，去打球啊！

我怕打不好影响你们。

070

醒脑家书

亲爱的约翰:

　　你说得很对,雄才大略的智慧可以创造奇迹。然而,现实中创造奇迹的人总是寥若晨星,而泛泛之流却数不胜数。

　　耐人寻味的是,人人都想要大有所为。每一个人都想要获得一些最美好的东西。每一个人都不喜欢巴结别人、过平庸的日子,也没有人喜欢把自己当作二流人物看待,或不情愿地认为自己是被迫无奈才成为二流人物的。

　　难道我们没有雄才大略的智慧吗?不!最实用的成功智慧就是"坚定不移的信心足可撼动山峦"。可为什么还有那么多失败者呢?我想那是因为真正相信自己能够移山的人不多,最终,真正做到的人也不多。

　　绝大多数的人都视这句圣言为荒谬的想法,认为那是根本不可能的。我以为这些不可理喻的人犯了一个常识性的错误,他们错把信心当成了"希望"。不错,我们无法用"希望"移动一座高山,无法靠"希望"取得胜利或平步青云,也不能靠希望拥有财富和地位。

　　但是,信心的力量却能帮助我们移动一座山岳,换句话说,只要我们自信就能够成功。你也许认为我将信心的威力神奇或神秘化了,不!信心能催生相信"我确实能做到"的态度,相信"我确实能做到"的态度能催生成功所必备的能力、技巧与精力。每当你相信"我能做到"时，自然就会想出"如何解决"的方法，成功就诞生在成功解决问题之中。这就是信心发挥威力的过程。

每一个人都希望有一天能登上最高阶层，享受随之而来的成功果实。但是他们绝大多数偏偏都不具备必需的信心与决心，他们也便无法到达顶点。也因为他们相信到达不了，以致找不到登上巅峰的途径，他们的作为也就一直停留在一般人的水准。

但是，有少部分人真的相信他们总有一天会成功。他们抱着"我就要登上巅峰"的心态来进行各项工作，并且凭着坚定的信心而达到目标，我认为我就是他们其中的一员。当我还是一个穷小子的时候，我就自信我一定会成为天下最富有的人，强烈的自信激励我想出各种可行的计划、方法、手段和技巧，让我一步步攀上了石油王国的顶峰。

我坚信信心是成功之父。胜利是一种习惯，失败也是一种习惯。如果想成功，就得取得持续性的胜利。我不喜欢取得一定量的胜利，我要的是持续性胜利，只有这样我才能成为强者。是信心激发了我成功的动力。

爱你的爸爸

1903年6月7日

你是不是也会有不自信的时候，遇事不敢做决定、犹豫不决，不敢上台发言，经常把"我不行"三个字挂在嘴边，总觉得自己不好看、学东西慢、无法像别人那样优秀等。当你被这些自卑的心态挡住去路时，你一定要把自信找回来帮你。

洛克菲勒说他会定期提醒自己："你比你想象的还要好。"这句话同样适用于我们所有人。我们身上存在无限的可能与潜力，正等着我们用信心和行动来开启呢。如果你不信的话，那请你试一试。

小帆，你要学着敢于做决定与承担后果，这样才会越来越自信。

心理辅导室

谢谢老师，您的开导让我心里清楚了不少，我一定会把自信找回来的。

19 别让惯性思维禁锢创造力

醒脑家书

亲爱的约翰：

我不赞同你的观点——让罗杰斯担当重任，独当一面。事实上，我曾为此做过努力，但结果颇令我失望。我的用人原则是，被委以重任者是能找出把事情做得更好的方法的人。但罗杰斯显然不够格，因为他是个懒于思考的人。

在我有心启用罗杰斯之前，我曾用一个问题考查过他。我说："罗杰斯先生，你认为政府怎么做才能在三十年内废除所有的监狱？"他听了显得很困惑，怀疑自己听错了，一阵沉默过后，他便开始反驳我："尊敬的洛克菲勒先生，您的意思是要把那些杀人犯、强盗以及强奸犯全部释放吗？您知道这样做会有什么后果吗？如果真是那样，我们就别想得到安宁了。不管怎样，一定要有监狱。"

我希望把罗杰斯那颗铁板一般的脑袋敲开一道缝，我提醒他："罗杰斯，你只说了不能废除的理由。现在，你来试着相信可以废除监狱。假设可以废除，我们该如何着手？"

"这太勉强我了，洛克菲勒先生，我无法相信，我也很难找出废除它的方法。"这就是罗杰斯的办法——没有办法。

我想象不出，当给予他重任时，当机会或危难来临时，他是否会动用他所有的才智去积极应对。我不信任罗杰斯，他只会将希望变成没有希望。

找出把事情做得更好的方法，是将任何事情都能做成的保证。这不需要有超人的智慧，重要的是要相信能把事情做成，要有这种信念。当我们相信某一件事不可能做到的时候，我们的大脑就会为我们找出各种做不到的理由。但是，当我们相信——真正相信，某一件事确实可以做到，我们的大脑就会帮我们找出各种方法。

　　相信某一件事可以做成，就会为我们提供创造性的解决之道，将我们各种创造性的能力发挥出来。相反，不相信事情能够做成功，就等于关闭了我们创造性解决问题的思维之门，不但会阻碍我们创造性能力的发挥，同时还会让我们的理想破灭。

　　我相信，做任何事都不可能只有一种最好的方法，最好的方法正如创造性的心灵那样多。没有任何事是在冰雪中生长的，如果我们让传统的想法冻结我们的心灵，新的创意就无法滋长。

　　传统的想法是创造性计划的头号敌人。传统的想法会冻结我们的心灵，阻碍我们发展真正需要的创造性能力。

　　约翰，你可以跟罗杰斯谈谈，我希望他能有所改变，到那时候他也许就有好日子过了。

爱你的爸爸

1903年12月4日

面对学习和生活中的挑战，你是用"不可行""办不到""没有用""那很愚蠢"等态度应对，还是发挥自己的创新精神，推陈出新，积极尝试新想法呢？

洛克菲勒说过："如果我们真的相信自己能做得更多，我们就能创造性地思考出各种方法。"打破惯性思维对我们的禁锢，找回属于自己的创造力，能让我们把很多事做好。

经过评选，小帆的手抄报将代表班级参加学校的手抄报比赛。

谢谢大家，希望我的手抄报能为我们班级争光。

创造力的作用可真不小啊！

永远做策略性思考

快点儿收拾，一起回家呀！

我都想飞回家了。

我爸妈昨晚又吵架了，我有点儿不想回家了。

你养的小狗，你却从来都不管它的吃喝拉撒。

你喂一下它怎么了？

我爸爸妈妈经常吵架。

这真是一件糟糕的事。

一定要想办法改变这种状况。

爸爸妈妈一吵架就冷战。

你给爸爸妈妈分别写一封信，把他们吵架对你的影响告诉他们。

或者召集一次家庭会议，好好地谈一谈。

有道理啊。

爸爸妈妈，您能不能不要和妈妈吵架？你们一吵架我觉得家里的氛围就好压抑，明早十点，我和妈妈在客厅有话对您说。

妈妈，您可以不和爸爸好好说话吗？你们一吵架我就明早十点，我和爸爸在客厅有话对您说。爸爸妈妈吵架，我好孤单。

亲爱的约翰：

汉密尔顿医生又发福了，看来高尔夫运动无法抑制他的腰围向外扩张，他只能借助其他运动方式来减少脂肪了。不幸的是，能防止他增重的运动还没被发明出来，这让他很痛苦。不过，他倒总能用他脑子里各种稀奇古怪的故事为我们带来快乐。

今天，汉密尔顿医生用一个渔夫与垂钓者的故事，又逗乐了我们。或许是看到我们捧腹大笑，汉密尔顿医生显得很得意，他笑着问我："洛克菲勒先生，您是想做渔夫，还是想做垂钓者？"我告诉他，如果我做了垂钓者，或许我就没有资格同诸位打高尔夫了。

因为我靠有效的行为策略来创造商业利益，而垂钓者的行为方式不能保证我成功。当然，没有一个垂钓者会愚蠢到只知丢下鱼饵而不事先思考、计划、决定：要钓哪种鱼，用什么样的饵料，需要将鱼线抛到哪里，而后才坐等大鱼上钩。就形式而言，他们没做错什么，但结果是否如愿却没人知道。

也许花上一段时间他们会钓到鱼，也许他们一条鱼都钓不到，而那条他们理想中的鱼，也许永远不会上钩。因为他们太执着于自己的方式，尽管他们很清楚自己的目标，但他们的方式却限制了成功的可能——除了那条鱼线所及之处，他们捕鱼的范围等于零。但是，如果能像渔夫那样张网捕鱼，就将扩大捕鱼范围，而丰富的鱼量会让他们有许多选择机会，并最终捕获到他们想要的鱼。

我告诉汉密尔顿先生和我的球友们，我不是刻板固执、按部就班、以简单方式来解决问题的垂钓者，我是能够创造多种选择，直至挑选出最能创造商业利益的渔夫。他们都笑了，说我泄露了赚钱的秘密。

约翰，不论你做什么，要想找出完美想法，就得拥有许多想法。在做出最完美的决定之前，我会致力于寻找具有创意与效果的各种可能性选择，考量多种可能性方案，并积极尝试各种选择，然后才将重点放在最好的选择上。

这就是我总能捕到我想要的大鱼的原因。当然，在执行计划的过程中，我也会保持开放策略，顺应时势，不断地调整或修正我的计划。即使计划进展得并不顺利，我也不会惊慌失措，而是会沉着应对。

很多人都认为我有着非凡的能力，是一位有效率与行动能力的领导者。如果真是这样，我想你也可以获得这样的赞誉，只是你需要克制找寻简单、单向解决方案的冲动，乐于尝试能达成目标的各种可能性办法，拥有在困难面前付诸行动的耐心、勇气和胆略，以及不达目的决不收手的执着精神。

爱你的爸爸

1904年10月14日

行动时刻

　　当你被难题挡住去路时，当你复习遇到障碍时，当你无法说服别人时，当你失去心爱的小宠物时……当你遇上这些糟糕的事情时，你是如何思考的呢，你会想出能带来希望的决定吗？

　　洛克菲勒曾说："克服绝望的方式只有一种，那就是持续创造出各种可能性以跨越障碍。"所以，无论情况看起来有多糟糕，我们都要成为希望主义者，做策略性思考，努力思考跨越障碍的方法。

爸爸妈妈，你们一吵架就开始冷战，搞得我没心情学习，还不想回家。

我以后尽量不跟爸爸冷战。

对不起，爸爸会改正态度，好好和妈妈说话。

努力思考就能找到解决问题的办法哦！

醒脑家书

亲爱的约翰：

斯科菲尔德船长又输了，他有些气急败坏，一怒之下把他那根漂亮的高尔夫球杆扔上了天，结果他只得再买一个新球杆了。

坦率地说，我比较喜欢船长的性格。人生奋斗的目标就是求胜，打球也是一样。所以，我准备买个新球杆送给他，但愿这不会被他认为是对他发脾气的奖赏，否则他一发不可收拾，我可就惨了。

斯科菲尔德船长还有一个令人称道的优点，尽管输球会令他不高兴，但他认为赢本身并不代表一切，而努力去赢的做法才是最重要的。所以在输球之后，他从不找借口。事实上，他可以用年龄太大、体力欠佳来作为他输球的理由，为自己挣回颜面，但他从来不这样做。

我认为找借口是一种思想病，而染有这种严重病症的人，无一例外的都是失败者，当然一般人也有一些轻微的症状。但是，一个人越是成功，越不会找借口。处处亨通的人与那些没有什么作为的人之间最大的差异，就在于是否找借口。

只要稍加留意你就会发现，那些没有任何作为，也不曾计划要有番作为的人，经常会有一箩筐的借口来解释为什么他没有做到，为什么他不做，为什么他不能做，为什么他不是那样的。失败者为自己料理"后事"的第一个举动，就是为自己的失败找出各种理由。

我鄙视那些爱找借口的人，因为那是懦弱者的行为；我也同情那些爱找借口的人，因为借口是制造失败的病源。

失败者都有一套失败者的借口，他们将失败归咎于家庭、性格、年龄、环境、时间、肤色、宗教信仰、某个人乃至星象，而最坏的借口莫过于健康、才智以及运气。

最常见的借口，就是健康的借口，一句"我的身体不好"或"我有这样那样的病痛"，就成了不去做或失败的理由。事实上，没有一个人是完全健康的，每个人多少都会有生理上的毛病。

"我不够聪明"的借口也很常见，大约有95%的人都有这种毛病，只是程度不同而已。这种借口与众不同，它通常默不作声。人们不会公开承认自己缺少足够的聪明才智，多半是在自己内心深处这么想。

每一件事的发生必有原因，人类的遭遇也不可能碰巧发生。所以，有很多人总会把自己的失败怪罪于运气太坏，看到别人成功时，就认为那是因为他们运气太好。我从不相信什么运气好坏，我只知道，精心计划和准备给我带来了所谓的"运气"。

爱你的爸爸

1906年4月15日

仔细想一想，你是不是经常在为很多事找借口呢？例如：考试没考好是因为没有时间复习，演讲失败是因为自己普通话不好，和同学关系不好是因为别人爱计较，偏科是因为新换的老师让你很不习惯……

洛克菲勒曾说："借口把绝大多数的人挡在了成功的大门之外，99%的失败都是因为人们习惯于找借口。"找借口并不能帮助我们解决问题，而要想解决问题，还需要从问题的根源出发哦！

我太笨手笨脚了，这么简单的剪纸都剪不好。

有些看起来简单的事实际上并不简单，你不能因为一次失败就否定自己。

那倒也是啊。

22

谁都有机会成为大人物

最后两票，会投给谁呢？

阿南 正正正
小美 正正正
学习委员竞选

小美同学得票最高，将成为我们班的新学习委员。

啪 啪啪

明明我学习成绩比小美好，为什么会落选呢？

谢谢小美给我讲题。

小美，你上周借我的书我看完了。

原来小美平常这么乐于帮助大家学习。

谁能给我翻译一下这句话吗？

我来吧。

我一直以为只有成为学习委员才能发挥我的价值，没想到……

谢谢，阿南。

醒脑家书

亲爱的约翰：

《马太福音》中有一句圣言："你们是世上的盐。"

这个比喻平凡而又发人深省。盐食之有味，又能洁物、防腐。人来到世上就是要净化、美化他们所在的世界，让这个世界免于腐败，并给予世人更新鲜、更健康的生活气息。

盐的首要责任是有盐味，盐的盐味象征着高尚、有力、虔诚。那么，我们应该用我们的财富、原则和信仰去做什么呢？无疑，我们要做世上的盐，去积极地服务社会，使世人得福。这是我们第一个也是最后一个社会责任。

我们现在的责任，就是完全献身于周围的世界和众人，专心致志于我们的给予艺术。我想没有比这个更伟大的了。

谈到伟大，我想起了一篇伟大的演讲词，那是我一生中不多见的伟大的演讲词。它告诉我，人没有什么了不起，但没有什么比人更了不起了，这要看你为你的同胞和国家做了什么。

现在，我就把这篇伟大的演讲词抄录给你，希望它能对你大有裨益。

女士们，先生们：

今天我很荣幸能在这里会晤一些大人物。

尽管你们会说这个城市没有什么大人物，

大人物都出生在伦敦、旧金山、罗马或其他大城市，就是不会出自本地，他们都来自这个城市以外的地方，如果是这样想，你们就大错特错了。事实是我们这里的大人物和其他城市一样多。在座的听众里面就有许多大人物，有男也有女。

那么，谁才是世界上的大人物呢？年轻人或许会急于提出这样的问题。我告诉你们，大人物不一定就是在高楼大厦里设有办公室的人，人之所以伟大是在于他本身的价值，与他获得的职位无关。谁能说一个靠吃粮食才能生存的君王比一个辛勤耕作的农夫更伟大呢？不过，请不要责备那些位居某种公职便以为自己将成为大人物的年轻人。

一个人之所以伟大，并不是因为他拥有某种官衔。他之所以伟大，是因为他以些微的工具创下大业，以默默无闻的平民身份完成了人生目标。这才是真正的伟大。

我希望在座的各位都知道：我们是在有意义的行动中，而不是在岁月中活着；我们是在感受中，而不是在电话转盘上的数字中活着；我们是在思考中，而不是在空气中活着；我们应该在正确的目标下，以心脏的跳动来计算时间。

爱你的爸爸

1906年6月8日

行动时刻

　　生活中小小的我们，经常干着很多大事，例如：帮助同学解决疑难问题，帮助老师管理班级，扶老人过马路，为生活拮据的小朋友捐赠物资，关爱流浪的小动物，爱护公共环境卫生……能做这些大事的我们，其实早就具备了成为大人物的潜力。

　　洛克菲勒说过："这个世界根本不知道什么样的人是世上最伟大的人物。"也就是说，谁都有机会成为大人物，无论这些大人物出现在什么群体之中或出现在什么场合，只要他们在自己的位置上发挥着作用，对他人产生积极的作用，他们就都是潜在的大人物。

23

做金钱的主人

爸爸，我们班有同学通过做家务赚钱呢，所以我在想……

大人不都有钱吗，做家务挣钱是小孩子的事吧！

你也要这样干吗？

是的，这样我就能赚零花钱了。

小西的金钱观好像需要引导一下了。

那爸爸也在做家务，谁给我付钱呢？

我们四个人都有义务来维护好我们这个大家庭。

所以每个人都应该承担一定的家务，而不是把做家务当成一个赚钱的手段。

有道理。

是的，妈妈。

我们家日常开销所用的金钱，主要来源于爸爸妈妈的工资。

月初的时候我们可能会有很厚的一沓钱，到月末的时候我们可能只剩薄薄的一沓钱了。

醒脑家书

亲爱的约翰：

有很多悲剧都是因偏执和骄傲而导致，贫穷的人也是一样。

许多年前，我在教堂偶遇了一个叫汉森的年轻人，他是一个在节衣缩食中悲惨度日的小花匠。也许汉森先生自以为坚守贫穷是种美德，他摆出一副品格高尚的样子对我说："洛克菲勒先生，我觉得我有责任同你讨论一个问题——金钱是万恶之源，这是《圣经》上说的。"

就在那一瞬间，我知道汉森先生为什么与财富无缘了，他是在从对《圣经》的误解中获取人生教诲的。但他却浑然不觉。

我不希望这个可怜的年轻人在他心胸狭窄的沼泽中越陷越深，我告诉他："年轻人，我从小就不断接受各种基督教格言的熏陶，且以此作为自己的行为准则，我想你也是一样。但我的记忆力似乎要比你好一些，你忘了在那句话的前边还有一个词——喜爱，'喜爱金钱是万恶之源'。"

"你说什么？"汉森的嘴巴大张着，好像要吞下一条鲸鱼。真希望他赚钱的胃口能有那么大。

"是的，年轻人，"我拍拍他的肩头，说，"喜爱金钱只是崇拜的手段，并不是目的。也就是说，如果你只知道当个守财奴，那么金钱才是万恶之源。"

"想想看，年轻人，"我提醒汉森，

"如果你有了钱，你就可以惠及你的家人、朋友，给他们快乐、幸福的生活，更可惠及社会，拯救那些孤苦无助的穷人，那么金钱就成了幸福之源。"

"年轻人，手里每多一分钱，就增加了一分决定未来命运的力量，去赚钱吧。"我劝导他，"你不该让那些偏执的观念锁住你有力的双手，你应该花时间让自己富裕起来，因为有了钱就有了力量。而纽约充满了致富的机会，你应该致富，而且能够致富。记住，小伙子，你虽是尘世间的匆匆过客，却也要划出一道人生的光亮。"

我不知道汉森能否接受我的规劝，如果不能，我会为他感到遗憾的，他看上去很结实，脑袋也不笨。

我一直以为，每个人都应该花时间让自己富裕起来。当然，有些东西确实比金钱更有价值。当我们看到一座落满秋叶的坟墓时，就不免感到一种难以言喻的悲伤，因为我知道有些东西的确比金钱崇高。尤其是那些受过苦难的人更能深深地体会到，有些东西比黄金更甜蜜、更尊贵、更神圣。然而，有常识的人都知道，那些东西没有一样不是通过金钱来大幅提升的。金钱不一定是万能的，但在这个世界上，很多事情是离不开金钱的！

我相信金钱的力量，我主张人人都应该去赚钱。

我的儿子，我懂得赚钱之道：要让金钱当我的奴隶，而不能让我当金钱的奴隶。我就是这样做的。

爱你的爸爸

1906年7月26日

你有没有自己的零花钱，你的零花钱都是怎么来的，你通常用自己的零花钱做些什么，你有没有发现哪些可以赚到零花钱的途径？

洛克菲勒曾说："金钱并没有好坏之分。"对我们来说，金钱就是工具，它专门为我们服务。不过，我们要想拥有金钱，就必须拥有赚钱的能力，同时在拥有金钱后，还要学会合理花钱，这样我们才能更好地驾驭金钱，不至于成为金钱的奴隶。

你们在花钱的时候，会想着省点儿花吗？

我会计划着花钱，比如我一共有多少钱，我要买哪些东西。

小零食超市

我们都挺有金钱意识的啊！我爸爸经常跟我说金钱很重要，但还有比金钱更重要的东西，例如智慧、快乐。

24 机会留给勤奋的人

小言，你的作业呢？

我昨天已经问过一遍老师了，就不敢再问了。

那我帮你看看，你除了问老师，还可以问同学。

老师，有同学遇到问题时不敢多问几遍老师。

你为什么不敢问呢？

老师，我已经麻烦过您一次了，不敢再去打扰您了。

我还没有写完。

谢谢小美向老师反馈，我会想想办法的。

据说，曾经有一名学生因为害怕麻烦老师，总是不敢问问题……

用你点着的这支蜡烛去点燃其他蜡烛。

其他蜡烛都是由你手里的这支点燃的，它有损失吗？

没有啊！

好的，老师。

所以，与学生分享知识对我没有任何损失，反而会让我觉得快乐和满足。

我明白了，谢谢老师。

亲爱的约翰：

很高兴收到你的来信，在你的信中有两句话很让我欣赏，一句是"你要不是赢家你就是在自暴自弃"，一句是"勤奋出贵族"。这两句话是我不折不扣的人生座右铭，如果不自谦的话，我愿意说，这正是我人生的缩影。

那些不怀好意的报纸，在谈到我创造的巨额财富时，常把我比喻为一架很有天赋的赚钱机器，其实他们对我几乎一无所知，更对历史缺乏洞见。

作为移民，满怀希望和勤奋努力是我们的天性。而我尚在孩童时期，母亲就将节俭、自立、勤奋、守信和不懈的创业精神等美德植入了我的骨髓。我真诚地笃信这些美德，并将其视为伟大的成功信条，直到今天，我的血液中依然流淌着这些伟大的信念。而所有的这一切结成了使我向上攀爬的阶梯，将我送上了财富之山的顶端。

当然，那场改变美国人民命运与生活的战争，让我受益匪浅。真诚地说，它将我造就成了令商界啧啧称奇而又望而生畏的商业巨人。是的，南北战争给予了民众前所未有的巨大商机，它把我提前变成了富人，为我在战后掀起的抢夺机会的竞技场上获胜提供了资本支持，让我能在后来实现财源滚滚。

但是，机会如同时间一样是平等的，为什么我能抓住机会成为巨富，而很多人却与机会擦肩而过，不得不与贫困为伍呢？难道真像诋毁我的人所说的，是因为我贪得无厌吗？

不！是勤奋！机会只留给勤奋的人！自我年少时，我就笃信一条成功法则：财富是意外之物，是勤奋工作的副产品。每个目标的达成都来自勤奋的思考与勤奋的行动，实现财富梦想也依然如此。

我极为推崇"勤奋出贵族"这句话，它是让我永生敬意的箴言。无论是过去还是现在，无论是在我们立足的北美还是在遥远的东方，那些享有地位、尊严、荣耀和财富的贵族，都有一颗永不停息的心，都有一双坚强有力的臂膀，在他们身上都凸显出顽强意志的光芒。而正是这样的品质（也可称为财富），让他们成就了事业，赢得了尊崇，成了顶天立地的人物。

约翰，在这个无限变幻的世界中，没有永远的贵族，也没有永远的穷人。出身卑贱和家境贫寒的人，通过自己的勤奋工作、执着的追求和智慧，同样能功成名就、出人头地，成为一代新贵族。

我们的财富是对我们勤奋的嘉奖。让我们坚定信念，认定目标，凭着对上帝意志的信心，继续努力吧，我的儿子。

爱你的爸爸

1907年1月25日

在学习上，你是不是从来都不会抱怨，总会按时按点完成，遇到不会的问题，能及时请教老师，要读的课外书一本也没有落下，要参加的竞赛都出色地完成；在生活中，你总是用积极乐观的心态去迎接挑战，乐于锻炼，勤于劳动，保持着良好的生活习惯。这些都是勤奋的表现。

洛克菲勒曾说："勤奋能修炼人的品质，更能培养人的能力。"那些在学习和生活中勤奋向上的人，总是自信阳光，能在很多方面做出成绩，能获得满满的成就感。

所以，大家遇到问题时要大胆问老师。这是你们勤奋学习的一种表现，老师是非常高兴和赞赏的。

那我要更加勤奋地学习，遇到问题及时请教老师，肯定能让我进步得更快。

下课后，大家要及时完成作业哦!

已经写完作业了?

写完了，今天作业少。

今天这么早就完成啦? 没落下什么作业吧?

没有，今天只有语文和英语有作业。

没有数学做业?

啊! 我怎么一点儿印象也没有?

小西说数学作业是课后练习的第2~5题。

我帮你问了。

今天没有落下什么作业吧?

第二天晚上

都写完了。

我对自己的学习太不上心了。

叮当，学习是自己的事，你身为学生就要为它负责哦! 自觉做好分内的事，你就会成为一个非常有责任感的人。

你可用这个本子来记录作业。

好的，妈妈。

亲爱的约翰：

非常高兴，一场险些酿成国难的银行业危机终于过去了！

我们是合众国的公民，我们有使国家和同胞免于灾难的职责。而作为富人，我知道，巨大的财富也是巨大的责任，我肩负着造福人类的使命。

这次银行业危机席卷华尔街，处于恐慌之中的存款人排起长队要从银行取走存款。一场将导致美国经济再次进入大萧条的金融危机来临的时候，我预感到国家已陷入双重危机：政府缺乏资金，民众缺乏信心。此时此刻，"钱袋先生"必须为此做些什么，我打电话给斯通先生，请美联社引用我的话，告诉美国民众："我们的国家从不缺少信用，金融界的有识之士更以信用为生命，如果有必要，我情愿拿出一半的证券来帮助国家维持信用。请相信我，金融地震不会发生。"

感谢上帝，危机已经过去，华尔街已经走出困境。

而我为这一刻的到来，做了我该做的事情，就像《华尔街日报》评论的那样："洛克菲勒先生用他的声音和巨额资金帮助了华尔街。"只是，有一点永远不会让他们知道，在克服这次恐慌中，我是从自己钱袋里拿钱最多的人，这令我非常自豪。

当然，华尔街能成功度过此次信用危机，摩根先生可谓功勋卓著，他是这场战争不折不扣的指挥官，他将一群商界名士聚集起来共同应对危机，用他不可替代的金融才能和果决的个性拯救了华尔街。所以我说，美国人民应该感谢他，华尔街的人应该感谢他，西奥多·罗斯福总统更应该感谢他，因为摩根替他做了他本该做却因无能而没有做的事。

在四十六年前，当许许多多的美国青年听从祖国召唤，忠诚奔赴前线，为解放黑奴、维护联邦统一而战的时候，同样作为青年，我却以公司刚刚开业、我的家人要靠它活着为由，未去参战。

这件事一直让我的良心不安，直到十几年前那场经济危机的到来，我才得有救赎的机会。当时，联邦政府无力保证黄金储备，华盛顿转而向摩根先生求助，但摩根无能为力，是我拿出巨资助政府一臂之力才平息了那场金融恐慌。这让我非常高兴，比赚多少钱都令我高兴。

我知道，我拥有巨大的财富，我也因它而承担着巨大的公共责任，比拥有巨大财富更崇高的是，按照祖国的需要为祖国服务。

约翰，我们是有钱，但在任何时候，我们都不该肆意花钱，我们的钱只用在给人类创造价值的地方；而绝不能给任何有私心的人一点点好处。

爱你的爸爸

1907年11月20日

行动时刻

　　洛克菲勒用他的财富，承担着他对社会的责任，而小小的我们，可能无法体验到财富是种责任的感觉，但我们如果拥有良好的语言习惯、思维习惯、做人与做事习惯、学习习惯、生活习惯等，那我们就能做好自己分内的事，成为有责任感的人，对自己负责，少给他人制造麻烦。

　　洛克菲勒说过："名誉和美德是心灵的装饰，如果没有它们，即使肉体再美，也不应该认为美。"当我们拥有责任感，懂得对自己和他人负责时，名誉和美德也会找上我们。

26

只有放弃才是真的失败

醒脑家书

亲爱的约翰：

今天是一个伟大的日子①！

今天，合众国上下怀着一种特有的感念之情，来纪念那颗伟大而罕有的灵魂——无愧于上帝与人类的前总统亚伯拉罕·林肯先生。我相信林肯受之无愧。

在我真实的记忆中，没有谁能比林肯更伟大。他编织了一段合众国成功而又令人动容的历史，他用不屈不挠的精神与勇气以及宽厚仁爱之心，使四百万最卑下的黑奴获得解放，同时击碎了二千七百万另一肤色的合众国公民灵魂上的枷锁，结束了因种族仇恨而使灵魂堕落、扭曲和狭隘的罪恶历史。他避免了国家被毁灭的灾难，将说不同语言、信仰不同宗教、肤色不同的种族组合成为一个崭新的国家。合众国因他获得了自由，因他而幸运地踏上了正直公平的康庄大道。

林肯是十九世纪最伟大的英雄。今天，在他诞辰百年之际，举国上下追思他为合众国所做的一切，就是一个最好的证明。

然而，当我们重现并感激他的光辉伟业之时，我们更应汲取并光大其人生所具有的特殊教益——执着的决心与勇气。我想我们纪念他的最好方式就是效法他，让他从不放弃的精神光照美国。

---

① 指美国的林肯纪念日，为每年的2月12日。

每个人都有历尽沧桑和饱受无情打击的时刻，却很少有人能像林肯那样百折不回。每次竞选失败过后，林肯都会激励自己："这不过是滑了一跤而已，并不是死了爬不起来了。"这句话是林肯克服困难的力量，更是他终于享有盛名的利器。

　　林肯的一生书写了一个伟大的真理：除非你放弃，否则你就不会被打垮。

　　林肯的一生就是化挫折为胜利的伟大见证。没有不经失败的幸运儿，重要的是不要因失败而变成一位懦夫。如果我们尽了最大努力仍然不达目的，我们所应做的就是汲取教训，力求在接下来的努力中表现得更好就行了。

　　对一般人而言，失败很难使他们坚持下去，而成功则容易继续下去。但在林肯那里这是个例外，他会利用种种挫折与失败，来驱使他更上一层楼。因为他有钢铁般的毅力。他有一句话说得好："你无法在天鹅绒上磨利剃刀。"

　　今天，我们在感激、赞美林肯总统的时候，不能忘记的是要用他一生的事迹来激励自己。即使这样做了，我们顶天立地的一天仍未到来，我们依然是个大赢家。因为我们已经有了知识，也懂得面对人生，那是更大的成功。

爱你的爸爸

1909年2月12日

　　无论是在学习还是在社交过程中，我们总会遇到一些困难。如果我们轻易被这些困难唬住，总是将放弃挂在嘴边，不敢面对挑战，那说明我们的身心还不够强大。如果长期这样，那我们就很容易与成功擦肩而过。

　　在洛克菲勒心中，林肯是永远不被困难吓倒、不屈不挠的化身。有一句话叫"黎明之前总是黑暗"。我们只要努力学习，拓展兴趣爱好，与优秀的人为伍，将自己的聪明才智发挥出来，终有一天，无论是学习还是社交上，我们都将迎来成功。

小敏，和我们一起玩数独吧？

小美，小敏会下围棋，你有棋友了！

好啊，我也喜欢玩数独。我还对下围棋感兴趣呢！

27

认清职责，拒绝责难

老师，小帆打我！

不哭了，你有问他为什么打你吗？

没有。

既然是你碰到了人家，该怎么做呢？

小帆，你是不是打图图了。

是图图先打我的。

我不小心碰到他的。

对不起，是我先碰到你的。

没关系。

遇到这类问题，要先问清缘由，而不是先动手为难彼此。

是的，老师。

有了矛盾，要先搞清楚事情的来龙去脉，这样才能解决矛盾。

醒脑家书

亲爱的约翰：

如果我说一直不甘示弱、总以为自己是世界第一富豪的安德鲁·卡内基先生来拜访我，并向我讨教了一个非常严肃的问题，你会不会感到惊讶？事实上，这位伟大的铁匠就是这么做的。

两天前，卡内基先生来到我们的基奎特。或许是我笑容可掬的态度，和我们轻松的谈话气氛，熔化了卡内基先生钢铁般的自尊，让他放下架子问了我一个问题："约翰，我知道，你领导着一群很能干的人。不过，我不认为他们的才干不可匹敌，但令我疑惑的是，他们似乎无坚不摧，总能轻松击败你们的竞争对手。我想知道，你施了什么魔法让他们有那种精神的，难道是金钱的力量？"

我告诉他，金钱的力量当然不可低估，但责任的力量更是巨大。有时，行动并非源于想法，而是源自担起责任。标准石油公司的人都有负责精神，都知道"我的责任是什么，我怎么做可以把事情做得更好？"但我从不高谈阔论责任或义务，我只是通过我的领导方式来创造具有责任感的企业。

我以为这个话题到此就应该结束了，但我的回答显然挑起了卡内基先生的好奇心，他很认真地追问我："约翰，那你能告诉我你是怎么做的吗？"

看着卡内基先生谦逊的神态，我无法拒绝，我必须如实相告。

我告诉他，如果我们想要永续生存，那么我们的领导方式就意味着，断然拒绝为了任何理由去责难任何一个人或任何一件事。责难就如同一片沼泽，一旦失足跌落进去，你便失去了立足点和前进的方向，你会变得动弹不得，陷入憎恨和挫折的困境之中。结果只有一个：失去下属的尊重与支持。一旦落到这步田地，那你就好比是一个将王冠拱手让给他人的国王，无法再主宰一切。

　　我知道责难是摧毁领导力的头号敌人，我还知道在这个世界上没有常胜将军，不管是谁都将遭遇挫折和失败。所以，当问题出现时，我不会感到愤恨不满，我只是在想：怎么能让情势好转起来，采取什么行动可以补救或是修复我们的失误，从积极地选择向更高的生产力和满意度前进。

　　当然，我不会放过我自己。当坏事降临在我身上时，我会先停下来问自己一个问题："我的职责是什么？"回归原点，借着对自身角色进行完全坦诚的评估，可以避免窥探他人做了什么，或是要求其他人改变什么等无意义的行为。事实上，只有将焦点专注在自己身上，我们才能将无意中拱手让出的王冠重新收回。

爱你的爸爸

1910年7月24日

你有没有这样的体验：考试没考好，你最先抱怨的是试题难度太大了；与同学之间产生了矛盾，你最先想到的是对方不友善；爸爸妈妈不让你随便看手机，你总是觉得爸爸妈妈对你要求太严了；等等。很多问题产生的原因，真的就是我们认为的那样吗？

洛克菲勒说过："如果我能将每一个阻碍视为了解自己的一个机会，而非斤斤计较他人对我做了什么，那么我就能在领导危机的高墙外找到出路。"所以，遇到问题时先不要责难别人或者自责，而是借助它们来了解自己，认清自己需要做什么，这会让我们变得更强大哦！

你们能这么快就和好，真为你们开心。

这件事因我而起，我就应该先给小帆道歉。

我也有错。

看来今天老师为你们俩上的这一课效果很不错，我也学到了。

醒脑家书

亲爱的约翰：

我已经注意到那条指责我吝啬、捐款不够多的新闻了，这没什么。我被那些不明就里的记者骂得够多了，我已经习惯了他们的无知与苛刻。我回应他们的方式只有一个：无论他们如何口诛笔伐，我都只会保持沉默，不加辩解。因为我清楚自己的想法，我坚信自己站在正确的一方。

在我看来，资助金钱是一种错误的帮助，它会使一个人失去节俭、勤奋的动力，而变得懒惰、不思进取、没有责任感。更为重要的是，当你施舍给一个人时，你就否定了他的尊严；你否定了他的尊严，你就抢走了他的命运。这在我看来是极不道德的。作为富人，我有责任成为造福于人类的使者，却不能成为制造懒汉的始作俑者。

任何一个人一旦养成习惯，不管是好或坏，习惯都会一直伴随他。白吃午餐的习惯不会使一个人步向坦途，只能使他失去赢的机会。而勤奋工作却是唯一可靠的出路。工作是我们享受成功所付的代价，财富与幸福要靠努力工作才能得到。

在很久很久以前，一位聪明的老国王想编写一本智慧录，以启发后世子孙。一天，老国王将他聪明的臣子召集来，说："没有智慧的头脑，就像没有蜡烛的灯笼。我要你们编写一本各个时代的智慧录，去照亮子孙的前程。"

这些聪明人领命离去后，工作很长一段时间，最后完成了一本十二卷的巨作，并骄傲地宣称："陛下，这是各个时代的智慧录。"

老国王看了看，说："各位先生，我确信这是各个时代的智慧结晶。但是，它太厚了，我担心人们读它会不得要领。把它浓缩一下吧！"这些聪明人花费了很多时间，几经删减，完成了一卷书。但是，老国王还是认为太长了，又命令他们再次浓缩。

这些聪明人把一本书浓缩为一章，然后减为一页，再变为一段，最后变成了一句话。老国王看到这句话时，显得很得意。"各位先生，"他说，"这真是各个时代的智慧结晶，而且各地的人一旦知道这个真理，我们大部分的问题就可以解决了。"这句话就是："天下没有免费的午餐。"

智慧之书的第一章，也是最后一章，是天下没有免费的午餐。如果人们知道出人头地要以努力工作为代价，大部分人就会有所成就，同时也将使这个世界变得更美好；而白吃午餐的人，迟早会连本带利地付出代价。

爱你的爸爸

1911年3月17日

行动时刻

在成长的过程中，我们会对很多事物充满向往，例如：考试取得高分、学会画画、能在运动会上跑第一、成为班长、与某位同学成为好朋友……当我们想出这些目标的时候，有些人可能会采取行动，更加努力地学习，更加勤奋地锻炼，更加团结同学……但有些人可能没有行动力，让自己的想法一直停留在原地，只是等待着幻想中的成就能够到来。

洛克菲勒曾这样说："任何一个人一旦养成习惯，不管是好或坏，习惯都会一直伴随他。"如果一个人养成了白吃午餐的习惯，那么他就会失去奋斗的动力，也就很难取得成功了。

29 善于发现并利用他人的优点

亲爱的约翰：

　　你的来信令我非常兴奋，因为你读懂了我那些总能助我成就事业的做事哲学：做自己喜欢做的事，而其他的事，就交由喜欢做这件事的人去做。

　　对我来说，做自己喜欢的事是一项不容置疑的定论。它会时刻提醒我，要领导手下出色地完成任务，绝不可依赖某些管理技巧，而是要采用一种更为宏观、更有效的领导方式。

　　具体而言，就是不让属下拘泥于刻板、制式的工作职务上，而是想办法利用每个人的长处，并诱发他们将热情倾注在工作之中，来成就出绝佳的生产力。这就是我的制胜之道。

　　我说过，每个人都有忠于自己的天性，都渴望成为自己想要成为的人，而他们实现忠诚自己的方式就是做自己喜欢的事。遗憾的是，很多管理者并不让属下忠于自己的诉求，结果事倍功半。

　　其实这很好理解，如果你不将时间投入到你喜爱的事情上，你就绝不可能感到自我满足；如果你得不到自我满足，你就将失去生活的热情；如果你失去生活的热情，你就将失去生活的动力。指望一个失去工作动力的人去出色地完成工作任务，就像指望一个停摆的闹钟去准确报时一样，可笑至极。

　　所以，我时刻不忘给予属下忠于自己的

机会——燃烧他们的热情，让他们的特别才干发挥到极致，而我自己从中收获的恰恰是财富与成就。忠于自己能使自己赢得人生中最伟大的一场战役，谁会放过这样的机会呢？

你要想成功利用属下的热情，你必须知道领导者的职责，不是要挖掘属下的弱点，而是要关注属下的优点与才干，并让这些优势充分发挥出来。我没有挑属下最脆弱的特质的习惯，却总要找寻他们最坚强的部分，让他们的才干充分展现在工作的挑战与需求上。

约翰，没有人是无所不能的，现在你是一位管理者，你的成就依赖于你领导能力的发挥，依赖于你属下做事才能的发挥。你需要知道，你的属下可挑剔的地方不胜枚举，但是你要专注于发掘每个人潜在的优点，注意他们在每个细节上的杰出表现，以及他们为了将事情做得出色，而对完美主义近乎苛求的坚持。这是你领导力的优势所在。

一个人不能主宰一个集体。我不否认领导者的巨大作用，但就整体而言，取胜靠的是集体。我所取得的任何荣誉所依靠的都是集体的力量，而绝非我个人。也只有众人都付出努力，奇迹才会出现。

祝你好运！我的儿子。

爱你的爸爸

1912年11月17日

　　洛克菲勒有一个管理理念："最能创造价值的人就是那彻底投身于自己最喜欢的活动的人。"善于发现自己的优点，利用自己的优点做喜欢的事，就会感受到更多成长的乐趣。

　　在小组活动或团队合作中，分工是一项至关重要的任务。做自己擅长的事，或者把自己不擅长的事交给擅长的人来做，都是非常可贵的能力，体现着我们做事的思考力和行动力。

老师，您对大家这次的活动有什么看法？

大家越来越棒了，能利用各自的力量做好这次活动，真的是出人意料！

让我们恭喜阿南同学在全市的英语演讲比赛上获得了一等奖。

谢谢大家的鼓励，我会再接再厉的。

我要向阿南学习。

你真有英语天赋。

我只是在英语方面积累了一点儿底子而已。

阿南好酷！

你是我的榜样。

还经常拿奖，好了不起！

阿南一个接一个地拿奖，对他的鼓励应该不小吧？

我们班的阿南又拿了个全市的英语演讲比赛一等奖。

你们都很羡慕吧？

对哦，哥哥上次作文竞赛还得奖了呢！

小西也要肯定一下自己哦，你也获得了不少奖呢！

你居然还记得。

那肯定是，每一次的成功，一定会给他增加信心。

就是啊，哥哥要是继续投稿，说不定还能成功！

一次又一次的成功能让你不断迎接新梦想。

亲爱的约翰：

安德鲁·卡内基先生又接受了记者的专访，我一直不明白，他为什么总喜欢在报纸上抛头露面呢？我猜想他准是患了恐惧遗忘症，唯恐人们忽视了他的存在。

但我还是比较欣赏这个常与我争风的铁匠，因为他勤奋、雄心勃勃，像个不知疲倦的铁汉，总将向前视为他第一、第二、第三重要的事情。也许因此，当被问及成功的秘诀时，他才会告诉记者说：尾声只是开始。

真难以置信，这个铁匠怎么会说出如此精辟的话。我相信这个仅由三个词组成的短句，很快就会远播出去，或许卡内基先生也会因此得个商界哲学家的头衔。事实上，他值得人们这样称道他。将自己成功的一生浓缩成一个短句，不正是表现了这位商业巨人的非凡智慧吗？

"尾声只是开始"，在我看来，他是在试图表明成功是一个不断繁衍的过程，这就像一头多产的母牛，它生下一个牛崽之后，马上又怀上了另一个牛崽，如此往复，生生不息。尾声是一段路程的最后一站，又是新梦的开始。每一个伟大的成功者，都是用一个个小的成功把自己堆砌上去的，他们用尾声欢庆梦想的实现，又用尾声欢送新梦上路，这是每一个创造了伟大成就的人的品质。

但是，如何开始新梦呢？卡内基先生忘了说；而这恰恰是期望能否顺利冲到最后一站的关键，更是开始下一个新梦的关键。其实，答案很简单，那就是从一开始你就要千方百计地掌握优势。我的经验告诉我，有三种策略能让我拥有优势。

第一个策略：一开始就要下决心，关注竞争状况和竞争者的资源。这点表示我要注意自己和别人都拥有什么，也表示要了解降低机会的基本面。从事新事业时，在了解整个状况之前，不应该采取初步行动，成功的第一步是了解达成目的所需要的资源在哪里，数量有多少。

第二个策略：研究对手的情况，然后善用这种知识，来形成自己的优势。了解对手的优点、弱点、做事的风格和性格特点，总能让我在竞争中占有优势。

第三个策略：你必须拥有正确的心态。从一开始，你必须下定决心，追求胜利，这表示你必须在道德的制约下，表现得积极、无情，因为这种态度直接来自残忍无情的目标。

约翰，别忘了卡内基先生的那句即将广为传诵的名言，"尾声只是开始"，当然，还有我这三个策略。

哦，我不是在营救一个不需要营救的谋略家吧？

爱你的爸爸

1912年11月31日

　　努力学习了一学期，期末考了好成绩；精心养护的绿植，一天比一天长得茂盛了；一周背一首古诗词，大脑里记住的古诗词越来越多；做了充分准备，顺利进入了魔方竞赛的决赛……当一件又一件成功的事发生在我们身上的时候，我们努力向上的热情会越来越强烈，行动力会越来越足，意志力也会越来越坚定，我们也会变得越来越优秀。

　　洛克菲勒说过："在每一个新梦的初期，最重要的是追求胜利的决心。"那么，在每一个成功的末尾，要继续怀着胜利的决心进入下一个开始，这样成功会更加眷顾我们的。

我小小的作家梦，要从现在抓起了。

小学生杂志

小学生作文

31 珍惜时间和金钱

星期六出门前

每人30元钱，今天可以自由支配，但我希望你们买物有所值的东西。

好的妈妈，我会买一个昆虫积木。

我会买火柴盒拼图。

想要买哪个呢？

半小时后

没有。

他还没挑到满意的。

小西，买到昆虫积木了吗？

咦？

我想先买个冰淇凌吃。

我们换一家看看吧！

10块钱，请拿好。

哥哥，你的钱还够买积木吗？

122

亲爱的约翰:

　　我与查尔斯先生有着共同的信仰。我喜欢查尔斯先生最喜欢的一句格言:"珍惜时间和金钱。"我一直认为这是一则凝聚着伟大智慧的箴言。我相信绝大多数的人都会喜欢它,却难以将其变成自己的思想信念和价值信条,并永远融入自己的血液中。

　　几乎人人都知道,能否构筑幸福生活,能否实现成功,都与如何利用时间有关。然而,在很多人眼里,时间是他们的敌人,他们消磨它,抹杀它;但如果谁偷走他们的时间,他们又会大发雷霆,毕竟时间是金钱,时间是生命。遗憾的是,他们就是不知道如何利用时间。

　　事实上,这没有哥伦布先生发现美洲那么难,重要的是我们要计划每一天,乃至每一刻,并知道该思考什么,该如何采取行动。计划是我们顺应每天情况而生活的依据,它能显示什么是可行的。而要制订完美的计划,首先要确认自己想要什么;还有,每项计划都要有措施,并要监督成果。能付诸行动、有成果的计划才是有价值的计划。当然,创造力、自发精神和信念可以化不可能为可能,并突破计划的限制,所以,不要自囿于计划之中。

　　每一刻都是关键,每一个决定都影响生命的过程,所以,我们要有下决心的策略。决心不易下得太快,遇到重要问题时,如果没有想好最后一步,就永远不要迈出第一步，要相信总有时间思考问题，也总有时间付诸行动，要有促进计划成熟的耐心。一旦做出决定，就要像斗士那样，忠实地去执行。

"赚钱不会让你破产"是查尔斯先生的致富圣经。在一次午餐会上，查尔斯先生公开了他的赚钱哲学，那天他用一种演讲家般的激情，激励了我们每个人，他告诉我们大家，世界上有两种人永远不会富有。

第一种是及时行乐者。他们喜欢过光鲜亮丽的日子，像苍蝇盯臭肉那样，对奢侈品兴趣浓厚，他们挥霍无度，竭尽所能要拥有精美的华服、昂贵的汽车、豪华的住宅以及价格不菲的艺术品。这种生活的确迷人，但它缺乏理性。及时行乐者缺乏这样的警惕：他们是在寻找增加负债的方法，他们会成为可怜的车奴、房奴，而一旦破产，他们就完了！

第二种人是喜欢存钱的人。把钱存在银行里当然保险，但这跟把钱冷冻起来没什么两样，要知道靠利息不能发财。

但是，有一种人会成为富人。我们不寻找花钱的方法，我们寻找、培养和管理各种投资的方法，因为我们知道财富可以拿来滋生更多的钱财，我们会把钱拿来投资，创造更多的财富。但我们还要知道，让每一分钱都能带来效益！这正如约翰一贯的经商原则——每一分钱都要让它物有所值！

爱你的爸爸

1914年6月21日

你有没有独立支配过一定数额钱财的经历呢？对于你的压岁钱，你是怎么打理的呢？你觉得钱怎么花才算是花到需要的地方了呢？我们知道，我们的生活离不开金钱，但也有"一寸光阴一寸金，寸金难买寸光阴"的说法，这是说时间比金钱还宝贵。

洛克菲勒说："'珍惜时间和金钱'一直与我相伴。"在面对时间和金钱时，我们也可以按照洛克菲勒的方式去做，既不浪费时间蹉跎自己，也不把享乐看作生活的目的。

充实你的心灵

醒脑家书

亲爱的约翰：

就像我们有身体上的食欲一样，我们也有精神上的食欲。但许多人常以没有时间为借口，总让他们的心灵忍饥挨饿，也只在意外或偶然的情况下才充实它一下，却总忘不了满足他们脖颈以下的消费。

也许我的看法有些悲观，我们正处于无限制满足脖颈以下而忽视脖颈以上需求的时代。事实上，你经常听到有人说"漏吃一顿午餐是件大事"，却听不到"你最后一次满足心灵饥渴是在什么时候"的声音，难道我们每个人都是精神富足者吗？显然不是。

在我们这个世界上，精神饥渴的人随处可见，那些生活在沮丧、消极、失败、忧郁中的人，他们都迫切需要精神的滋养和灵感的召唤，但他们几乎全都排斥充实他们的心灵，任由心灵黯淡无光。

心灵是我们每个人真正的家园，我们是好是坏都取决于它的抚育。因为进入这个家园的每一件东西都有一种效用，都会有所创造，为你的未来做准备，或者会有所毁灭，降低你未来可能的成就。

我们的心灵靠供给它的事物而行动。我相信，放进心灵中的事物对我的未来非常重要。所以问题显然是：我们要怎样喂养我们的心灵——何时去补充精神食粮。

你是否听到过伐木者的产量会下降，只

因为他没有抽出时间来磨利他的斧头？我们花很多的钱和时间，去修饰头脑的外部，如刮胡须、理头发，我们有没有必要花同样的时间和金钱，去"化妆"头脑的内部呢？当然有，而且可以做到。

事实上，精神食粮随处可得，例如书籍。经由伟大的心灵撞击而写成的书籍，没有一本不是洗涤并充实我们心灵的食粮，它们早已一劳永逸地为后人指明了方向，而我们可在其中任意挑选我们想要的。伟大的书籍就是伟大的智慧树、伟大的心灵之树，我们将在其中得以重塑。让我们变得既聪明又谦逊吧！

当然，我们不能读那些文字商人的书，他们的书如瘟疫，散布无耻的邪念、讹误的消息和自负的愚蠢，他们的书只配捧在那些浅薄、庸俗的人的手里。我们需要的是能给我们带来行动的信心与力量，能够将我们的人生推到另一个新高度，引导我们行善的书。

引领人们爬向高峰的动力，是一种因定期滋润与强调而日趋旺盛的驱动力。那些拥有成功人生的人，无疑都能体会到，高峰有很多空间，但是没有足够的空间供人坐下停留。他们了解，心灵像身体一样，必须定期给予营养才行，身体、心理与精神方面的营养，都要分别照顾到。

约翰，没有谁可以阻挡我们回家的路，除非我们不想回来。让心灵之光照耀我们前进的路吧！

爱你的爸爸

1914年8月1日

128

行动时刻

阅读是我们认识世界的窗口，打开这扇窗，我们能看到隐入尘烟的历史，也能看到缥缈浩瀚的未来。通过阅读，我们可以提高思维的广度和深度，从而具备更强的判断能力，可以明辨是非。特别是当我们读到一部伟大的著作时，我们的灵魂会被激荡而起，我们的生命热情也会被瞬间激发，从而在伟大著作的带领下，积极运用自身的力量，抵达一个又一个梦想之境。

伟大的书籍就是伟大的智慧树、伟大的心灵之树，我们将在其中得以重塑。

我爱看漫画书，爸爸就给我买了漫画版的四大名著，看着看着我直接去读原著了，我发现我更喜欢看这些经典著作。

我读了很多科普书，因为我的梦想是将来成为一名科学家。

我对武侠小说比较感兴趣，读了一些名家的武侠小说后，我对故事发生的历史背景都产生了兴趣。

温奶奶不愧是艺术家。

想参赛，但是我没有能拿得出手的作品啊！

奖品还这么丰富，还有自行车呢！

好想得个一等奖。那拿什么作品去参赛呢？

要不买一个温奶奶的彩蛋画，肯定能在比赛中获奖。

小西，你拿别人的作品参赛，那是作弊！

妈妈，我想用温奶奶的彩蛋画去参加竞赛。

是不是这次的比赛对你很重要？

是的。

想要成功没有错，但你实现成功的方式是错的。

亲爱的约翰：

不要理会说我贪心的那些人。

多少年来我都在"享受"着这个在别人看来似乎并不太美妙的"颂扬"——贪心。这份对我特别的颂扬，最早出现在我的事业如日中天之时，那时洛克菲勒的名字已不仅仅是代表一个人的符号，而是财富的象征，一个庞大的商业帝国的象征。

我记得当时有很多人、很多报纸都加入了如此"颂扬"我的行列。但这样的"颂扬"并没有让我的心跳加快，尽管我知道这样的"颂扬"无非是要诋毁我，无非是要为我创建的商业帝国刷上一层令人生厌的铜臭。

阿奇博尔德先生说我是能够闻到终点线味道的赛马，一但那样我便会开始冲刺。我知道这多少有点奉承我的味道，但在我心里，我的确早就给贪心留好了位置。

我由一个周薪只有五美元的簿记员成长为当今美国最富有的人，正是贪心让我实现了这个奇迹。贪心是推动我创造财富的力量，正如它是推动社会演进的强大动力一样。

很多人都曾问我同一个问题："洛克菲勒先生，是什么支持你走上了财富之巅？"我不能表露真实心声，因为贪心为人们所不齿。然而，事实是支撑我成为一代巨富的支架，就是我唤起了我的贪心，更膨胀了我的贪心。

没有任何力量可以阻止我解禁贪心，因为我追求成功。贪心之下实现的成功并非罪恶，成功是一种高尚的追求，如果能以高尚的行为去获得成功，对人类的贡献会远比贫困时所能做的更多，我做到了！

看一看今天我们所做的善举吧，将巨额财富投向教育、医学、教会和那些穷困的人，绝不是我一时心血来潮的个人施舍，那是一项伟大的慈善事业，世界正因为我的成功而变得美好。看来贪心很不错，更不是罪恶。

就此而言，如果那些说我贪心的人不是出于诋毁我的目的，我会欣然接受他们对我做出的如此评判。

我想非常真诚地告诉你，你的父亲永远不会让你感到羞愧，装在我口袋里的每一分钱都是干净的，我之所以成为富人，是我超群的心智和强烈的事业心所得到的回报。我坚信上帝赏罚分明，我的钱是上帝赐予的。而我能一直财源滚滚，如有天助，这是因为上帝知道我会把钱返还给社会，造福我的同胞。

到我该去读《圣经》的时间了。今晚的夜色真美，每颗明亮的星星都似乎在说："干得好！约翰。"

爱你的爸爸

1918年5月6日

"我要成为班级第一""我要在竞赛中拿奖""我要吃那种蛋糕""我要那件新衣服""我要换一批玩具""我要有很多零花钱"……在"贪心"的裹挟下,"我要"常常占据我们的内心,那么我们要不要在内心为这样的贪心留一点儿位置呢?

洛克菲勒说过:"如果你有一颗橄榄,你就会想拥有一整棵的橄榄树。"追求和占有美好事物是成长的调味剂,但这味调味剂要如何添加、添加多少、有没有必要添加,还需要我们好好把握。

谢谢温奶奶指导,我会加油的!

小西画得好认真,这么练下去,肯定能精通这门手艺。

谢谢妈妈,这真是一件一举两得的事。

这下不用愁了吧!除了能学会画彩蛋画,还能拿它去参加学校的竞赛。

34 重视对手，享受竞争

第二名 潇潇

第一！第一！

童童，真巧啊！

饮用水　饮用水

刚才潇潇向我打招呼，我没理他。

为什么？大家还一起踢过球呢！

谁让他那天不满意我跑了第一！

你有点儿不尊重别人。

他怎么不理我？

饮用水

看吧，人家现在也不理你了，以前我们可不是这样啊。

不理就不理吧。

醒脑家书

亲爱的约翰：

今天，在去打高尔夫的路上，我遇到了久违的挑战：一个年轻人开着他那部时髦的雪佛兰高傲地超过了我的车子。他刺激了我这个老头子好胜的本性，结果他只能看我的车屁股了。这让我很高兴，就像我在商场上战胜我的对手一样高兴。

约翰，好胜是我永不磨损的天性，所以我说那些谴责我贪欲永无止境的人都错了，事实上我不喜欢钱，我喜欢的是赚钱，我喜欢的是胜利时刻的美好感觉。

当然，让别人输掉的感觉有时会触动我的恻隐之心，但是，经商是一场严酷的竞争，没有什么东西比决心迫使别人出局更无情的了。可是你只能想方设法战胜对手，才能避免失败的悲惨命运。有竞争出现的地方，都是这样。

不可否认，想要成功，几乎多多少少都得牺牲别人。然而，如果你追求胜利，希望赢得胜利，就必须抗拒同情别人之类的念头，不能只想当好人，不能保留实力，不能逃避或延后让对手出局。要知道，地狱里住满了好人，失败的痛苦是商战的一部分，我们彼此都在扼杀对手，没有竞争到底的决心，就只能成为失败者。

坦率地说，我不喜欢竞争，但我努力竞争。

每当遇到强劲的对手时，我心中竞争好胜

135

的本心就会燃烧，而当它熄灭时，我收获的是胜利和快乐。

坐视对手，哪怕是潜在的对手的实力增强，都是在削弱自己的力量，甚至会颠覆自己的地位，我可没那么愚蠢。我的信念是抢在别人之前达到目的。

在这个世界上能出人头地的人，都是那些懂得去寻找自己理想环境的人，如果他们不能如愿，就会自己创造出来。

约翰，我喜欢胜利，但我不喜欢为追求胜利而不择手段。不计代价获得的胜利不是胜利，丑恶的竞争手段让人厌恶，那等于是画地为牢，可能永远无法超越，即使赢得一场胜利，也可能失去以后再获胜的机会。而正己守道不表示必须降低追求胜利的决心，却表示用合乎道德的方式去赢得明确的胜利，也表示在这种限制下，全力、公平、无情地追求胜利。我希望你能做到这一点。

爱你的爸爸

1918年8月11日

在与人竞争时，胜负欲可能会控制人们的理性：有的人输不起，只许自己赢不许输，一输就情绪低迷，甚至会耍赖。例如，和同学一起玩游戏，赢了的话就不断催促别人赶紧进入下一轮，而输了的话就一脸的不开心。

当然，与人竞争的时候，我们肯定希望自己的力量不被削弱，那我们就要提前提升自己的实力，这样当潜在的竞争对手出现时，我们照样可以像洛克菲勒所说的那样——"抢在别人之前达到目的"，然后享受成功的喜悦。

面对比赛结果，有不同的情绪表现也是可以理解，但童童似乎有点儿被胜利冲昏了头脑。

是的，童童的骄傲情绪让他失去了对潇潇的尊重。遇事要避免情绪化处理！

童童和潇潇的事，你们怎么看呢？

好的。我要是取得胜利了，我一定会尊重我的对手的。

哥哥可要告诉童童正确的做法。

137

35 永远把合作伙伴放在第一位

醒脑家书

亲爱的约翰：

想象一下这个场面：一位交响乐团的指挥，准备让买票进场的观众欣赏一场高水准的演出，但是他却转身去面向观众，留下音乐家们独自奋战、辛苦演奏，结果会怎么样呢？

是的！这注定是一场最糟糕的音乐会。因为指挥没把音乐家放在眼里，后者就会用消极、怠惰来"感谢"他，并搞砸一切。

每个雇主就像是一位乐团的指挥，他做梦都想激励、调动起所有雇员的力量，使之尽可能多地做出贡献，帮助他演奏出赚钱的华丽乐章，让他赚到非常非常多的钱。然而，对许多雇主而言，这注定是一场难以实现的梦，因为他们就像那位愚蠢的指挥，忘了善待雇员，以致轻松地关闭了雇员们情愿付出的大门。

同他们一样，我期望所有的雇员都能像忠实的仆人那样，全心全意地为我做出更多的贡献，但是，我比他们聪明许多，我非但不会无视雇员的存在，反而会认真看待他们，准确地说，我始终把为我卖命的雇员摆在第一位。

我爱我的雇员，我从不高声斥责、侮辱他们，也不会像某些富人那样在他们面前盛气凌人、不可一世，我给予雇员的是温情、平等与宽容。所有这些合成一个词就叫"尊重"。尊重别人是满足我们道德感的途径，但我发现它还是激发雇员努力工作的有效工具。标准石油

139

公司的每个雇员都为公司竭尽全力工作的事实让我坚信：给予人们应得的尊重，他们就能将潜能彻底发挥。

做和善、温暖、体贴的雇主，可以使雇员精力充沛，士气高昂。但对雇员时常表示谢意，似乎也很有作用。没有一位雇员会记得五年前得到的奖金，但是有许多人会将雇主的溢美之词永远铭记在心，我会不吝表达心中的感激之情。没有一件事的影响力，比及时而直接的感谢来得更为深远。

我喜欢在部属桌上留一张便条纸，上面写着我的感谢词。对于我花一两分钟信手写来的感激之语，我可能早已不记得，但是我的感激之意却会产生鼓舞人心的影响，多少年后，他们都还能记得我这个慈爱的领导者留给他们的温暖鼓励，并视其为一个珍贵的箴言。这就是一则简单的感谢声明，能够展现强大力量的另一个明证。

约翰，现在你已经是位领导者，你的成就来自你的能力，也来自雇员们能力的发挥，我相信你该知道怎么做。

爱你的爸爸

1925年9月19日

行动时刻

我们都渴望被人重视，特别是在集体中，我们都非常期待自己的价值能被他人发现，自己的言行举止能得到他人的尊重，无论我们是集体中的领导者，还是普通一员。

正如洛克菲勒的那句"雇主就是雇员的守护神"一样，如果有一天你成为集体中的领导者，请试着重视、爱护、尊重你的每一位队友，守护他们，他们才能为你带来荣誉哦！

告诉你一个好消息，我们班拔河比赛得了第一呢！

谢谢你们来看我，我已经吃了药，没事了。

这次获胜与小阔的指挥得当是分不开的。

谁说不是呢，有了小阔的鼓励，我觉得自己浑身是劲儿呢！

36 成功的种子就撒在自己身边

大家有给自己定下一些目标或理想吗？想一下，然后写出来，明天上课交给我。

第二天上课

我现在的目标就是上课不打瞌睡。我已经有好长一段时间一上课就打瞌睡了……

小君的目标还真独特，是不是在作息上遇到问题了？

小君，如果你遇到困难了，可以和老师讲。

谢谢老师！

叮铃铃……

特困生

好困！

晚上早点儿休息，白天上课时才能精神饱满。

我会注意的。

一笔一划……

我要加快写字速度，早点儿写完睡觉。

醒脑家书

亲爱的约翰：

　　昨天，我收到一名立志要成为富翁的年轻人的来信。他在信中恳请我回答一个问题：他缺少资本，该如何去创业致富？

　　上帝呀，他是想让我指明他生命的方向。可是教诲他人似乎不是我的专长，而我又无法拒绝他的诚恳，这真令人痛苦。但我还是回信告诉他，他需要资本，但他更需要常识。常识比金钱更重要。

　　对于要去创业的贫寒者而言，他们常常苦恼于缺少资本。如果他们再恐惧失败，就会犹疑不决，像蜗牛般缓慢行进，甚至止步于成功之路，永无出人头地之时，所以我在给那个年轻人的回信中特别提醒他："从贫穷通往富裕的道路永远是畅通的，重要的是你要坚信你就是你最大的资本。你要锻炼信念，不停地探究迟疑的原因，直到信念取代了怀疑。你要知道，你自己不相信的事，你无法达成；信念是带你前进的力量。"

　　每一个渴望成功的人都应该认识到，成功的种子就撒在自己身边。只要认识到这一点，你就能获得想要得到的东西。在信中，我给那个年轻人讲了有关阿尔·哈菲德①的故事，我相信这个

----

① 故事中的主人公，他原本拥有一大片兰花园、数百亩良田和繁盛的园林，十分富有，但后来因为追寻"钻石矿"而变得落魄不堪。

故事定将惠泽他人，乃至所有的人。

约翰，每当我记起这个故事，我就不免为阿尔·哈菲德叹息，假如哈菲德能留在家乡，挖掘自己的田地和花园，而不是去异乡寻找，他就不会沦为乞丐、贫困挨饿，以致跃入大海而亡。他本来就拥有遍地的钻石。

并非每一个故事都具有意义，但阿尔·哈菲德的故事却给我带来了宝贵的人生教诲：我们的钻石不在遥远的高山与大海之间，如果我们决心去挖掘，钻石就在我们家的后院。重要的是要真的相信自己。

每个人都有一定的理想，这个理想决定着他的努力和判断方向。就此意义而言，我认为，不相信自己的人就跟窃贼一样，因为任何一个不相信自己且未充分发挥本身能力的人，可以说是在向自己偷窃；而且在这过程中，由于创造力差，他也等于是从社会偷窃。这种罪状很严重，因为其所造成的损失，跟故意偷窃一样大。

只有戒除这种向自己偷窃的行为，我们才能爬向高峰。我希望那个渴望发财的年轻人，能思索出其中所蕴涵的教诲。

爱你的爸爸

1926年5月29日

行动时刻

我们都渴望成功，但往往不知道如何实现成功。实际上，通往成功的道路永远是畅通的，只要你树立坚定的信念，利用好信念带给你的力量，不停地探索，坚信自己，那么成功就不会离你很远。

洛克菲勒说："每一个渴望成功的人都应该认识到，成功的种子就撒在自己身边。"所以，请从自身出发，用行动来实现自己的理想与目标吧！

你们是怎样提升写字速度的呢？

抄写得多了，对大部分字也就熟悉了，写字速度自然就快了。

我觉得写字的时候要专心致志，并在心里默念，就能唰唰地写出来了。

谢谢你们给的建议，那我也试试。

我是先掌握汉字的书写规律，记住汉字笔画在每个字中的大小或变化，写字速度就上来了。

37 敷衍与不作为没什么两样

爸爸，这些漂亮的房子都是有钱人的吧？

是的，他们靠奋斗获得了财富，住漂亮的房子。

爸爸，我也想成为富有的人。

只要你有正确的目标，勇于奋斗，你的理想就可以实现。

再大的野心，都是一步步地实现的。

我能理解，是厚积薄发吗？

还有，不管你给自己定下了什么目标，你最好是把它做到极致。

做到最好更容易被大家记住。

哇，这可是一个大目标，你要做好充分的准备。

小西希望自己将来成为大富翁。

这确实是一个非常大胆的想法。

哥哥，加油！

我首先要成为知书达理的人，这样更容易获得他人的认同。

成为大富翁

醒脑家书

亲爱的约翰：

　　"没有野心的人不会成就大事。"这是我那位汽车大王朋友亨利·福特先生昨天来看我时向我吐露的成功秘密。

　　我非常敬佩这个来自密歇根的富豪，他是一个执着而又坚毅的家伙。他几乎与我有着同样的经历，做过农活儿，当过学徒，与人合伙开办过工厂，通过奋斗最终成为这个时代全美最富有的人之一。

　　在我看来，福特先生是一个新时代的缔造者，没有任何一个美国人能像他那样，完全改变了美国人的生活方式，看看大街上往来穿梭的汽车，你就知道我绝非在恭维他，他使汽车由奢侈品变为几乎人人都能买得起的必需品。而他创造的奇迹也把他变成了亿万富翁。当然，他也让我的钱袋鼓起了很多。

　　福特创造的成就，证明了我的一个人生信条：财富与目标成正比。如果你胸怀大志、目标高远，你的财富之山就将垒向云霄；如果你只想得过且过，那你就只有做末流鼠辈的份儿了，甚至一事无成，即使财富离你近在咫尺，你也只会获得一点儿而已。在福特成功之前，有很多汽车制造商都比他有实力得多，但他们当中破产的人也很多。

　　我似乎从不缺少野心，从我很小的时候开始，要成为最富有的人，就一直是我的抱负与梦

147

想。这对一个穷小子来说，好像有些过大。但我认为目标必须伟大才行，因为想要有成就，就必须有刺激，伟大的目标才会有刺激，能使你发挥全部的力量。失去刺激，也就等于没有了一股强大的力量推动你向前。不要做小计划，因为它不能激励心灵——我经常这样提醒自己。

做最富有的人，是我努力的依据和鞭策自己的力量。在过去的几十年中，我一直是追求卓越的信徒，我最常激励自己的一句话就是"第二名跟最后一名没有什么两样"。如果你理解了它，你就会认为，我以无可争辩的王者身份统治了石油工业不足为奇。

我们每一个人都生活在希望之中，但我更多的是生活在目标的达成之中。我的人生目标就是要成为第一，这也是我设法定出并努力遵守的人生规划，我所付出的所有努力和行动，都忠于我的人生目标、人生规则。

上帝赋予我们聪明的头脑和坚强的肌肉，不是让我们成为失败者，而是让我们成为伟大的赢家的。每当想起我创造的成就，我就兴奋不已。

伟大的人生就是征服卓越的过程，我们必须向这个目标前进，不怕痛苦，态度坚决，准备好在漫长的道路上跌跤。

爱你的爸爸

1931年3月15日

很多人从小就给自己树立了远大的目标，有的人想要在长大后成为科学家、医生、老师、消防员、警察、军人等，有的人想要做老板，成为大富翁。任何符合常理的理想都是值得认可的。

洛克菲勒说："人活着就得有目标或野心，否则，他就像一艘没有舵的船，永远漂流不定，只会到达失望、失败与丧气的海滩。"我们所要到达的终点取决于我们今天所做的努力。

> 哥哥，我的理想是成为一名优秀的芭蕾舞演员，为大家跳最优美的舞蹈。

> 这也是一个远大的目标，你这么优秀、努力，一定可以实现的。

38 敢于挑战才能抓住机会

我能看到舞台上的哥哥了。

我要做儿童节文艺表演的小主持人了。

恭喜小西!

只有实力足够强,我才能当好小主持人。

如何成为一名合格的小主持人

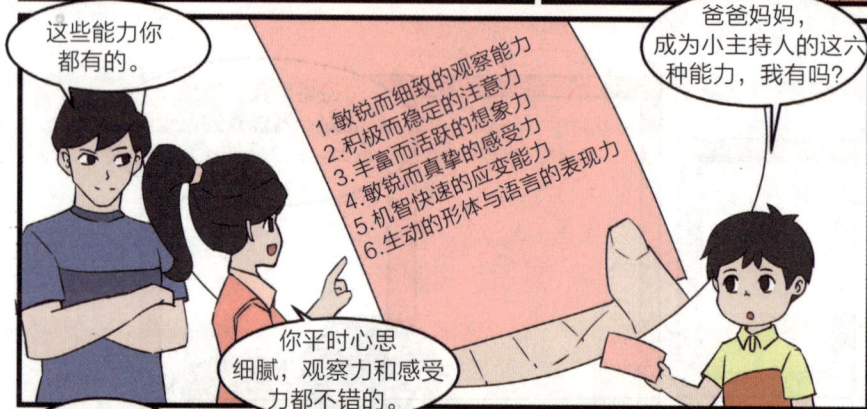

这些能力你都有的。

1.敏锐而细致的观察能力
2.积极而稳定的注意力
3.丰富而活跃的想象力
4.敏锐而真挚的感受力
5.机智快速的应变能力
6.生动的形体与语言的表现力

爸爸妈妈,成为小主持人的这六种能力,我有吗?

你平时心思细腻,观察力和感受力都不错的。

再放松一点儿,就显得更自然了。

请对我的主持做个评价。

说话有感情,挺不错的。

我会抓住这次机会,让更多的人认可我的主持。

亲爱的约翰：

我厌恶那些把商场视为赌场的人，但我不拒绝冒险精神，因为我懂得一个法则：风险越高，收益越大。而驰骋商海，对每一个人来说，都是生活提供给他的最伟大的历险活动。

在投资石油业前，我们的本行——农产品代销正做得有声有色，若继续下去，我完全有望成为大中间商。但这一切被那位安德鲁斯先生改变了，他是照明方面的专家，他告诉我："约翰，煤油燃烧时发出的光亮比任何照明油都亮，它必将取代其他的照明油。想想吧，约翰，那将是多么大的市场，如果我们的双脚能踩进去，那将是怎样的一个情景啊！"

机会来了，放走它不仅仅是金钱的损失，更是在削弱你在致富竞技场上的力量。我告诉安德鲁斯："我干！"我们投资四千块钱，对我们来说那可是一笔大钱，我们做起了炼油生意。钱投下去后，我就不去考虑失败，尽管那个时候石油在造就许多百万富翁的同时，它也在使更多人沦为穷光蛋。

我一头扎进石油业，苦心经营，不到一年，炼油为我们赢得了超过农产品能带来的利润，成为公司第一大生意。在那一刻我意识到，是胆量，是冒险精神，为我开通了一条新的生财管道。

但我随后大举扩张石油业的经营战略，令我的合伙人克拉克先生大为恼怒。克拉克是一个无知、自负、软弱、缺乏胆略的人，他害怕失败，主张采取审慎的经营策略，这与我的经营观念完全背离。

想获胜必须了解冒险的价值，而且必须有自己创造运气的远见。对我来说，与克拉克先生分手无疑是一场冒险，在我决定豁出一切大举进入石油业之前，我必须确信石油不会消失。在那个时候，很多人都认为石油是一朵盛开的昙花，难以持久。我当然希望油源不会枯竭，而一旦没有了油源，那些投资将一文不值，我的下场可能连赌场上的赌徒都不如。但我收到的信息让我乐观，油源不会消失。

没有维持现状这回事，不进则退，事情就是这么简单。我相信，谨慎并非完美的成功之道。不管我们做什么，乃至我们的人生，我们都必须在冒险与谨慎之间做出选择。而有些时候，靠冒险获胜的机会要比谨慎大得多。

商人都是利润与财富的追逐者，要靠创造资源和取得他人的资源，甚至逼迫他人让出资源而使自己富有，所以，冒险是商人征战商场不可或缺的手段。

如果你想知道既冒险而又不招致失败的技巧，你只需记住一句话：大胆筹划，小心实施。

爱你的爸爸

1936年12月2日

勇气是锻炼出来的。例如，第一次上台发言，你可能会紧张，但是多上台发言几次，你就对做这件事变得得心应手了。类似的，很多对你来说比较困难，但只要稍稍努力一下就能做到的事，那你就要勇敢地去尝试。

不进则退，维持现状是克服不了困难的；小心翼翼看似是谨慎，但谨慎并不一定能让你取得成功。所以，为了实现更多的目标，为了让自己更耀眼，请大胆地去挑战，那样你才能抓住机会，更快地实现自己的目标哦！

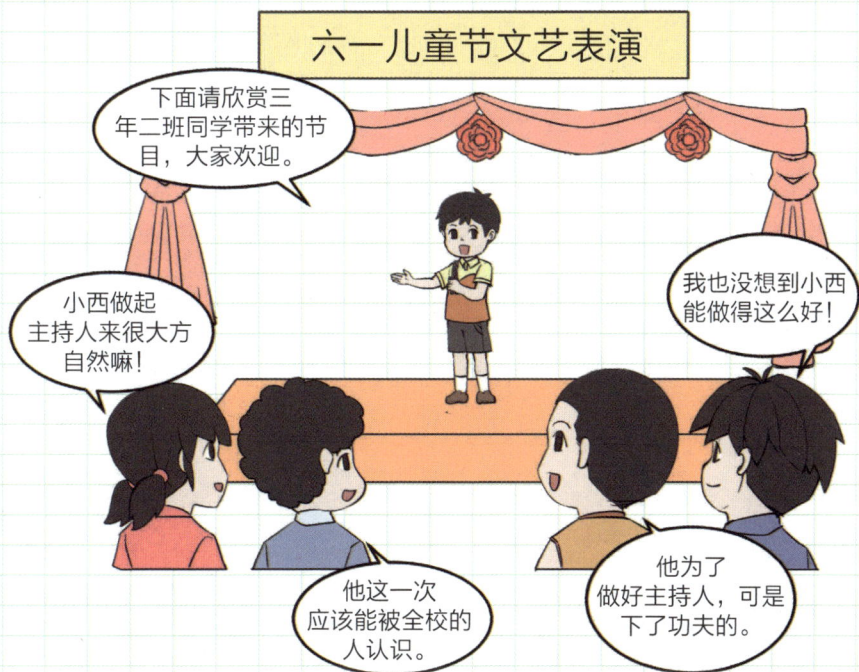

六一儿童节文艺表演

下面请欣赏三年二班同学带来的节目，大家欢迎。

我也没想到小西能做得这么好！

小西做起主持人来很大方自然嘛！

他这一次应该能被全校的人认识。

他为了做好主持人，可是下了功夫的。